がん
と
エヴェレスト

乳がんと闘いながら世界七大陸最高峰を制覇する

麻紀子

世界文化社

チベット側のベースキャンプから見たエヴェレストの山頂。

はじめに

みなさんはがんになったことがありますか？　あるいはエヴェレストに登ったことは？

私は２０１５年の冬にがんが見つかり、手術の後、治療をつづけながら海外の高所登山を始め、２０２３年、エヴェレストに登頂しました。どちらも、まったく想像していなかったことです。

中学生時代の遠足で嫌いになり、一生行くはずのない山でしたが、ある日屋久島を旅して、虜になりました。モッチョム岳が大好きになり、宿のロビーに飾られた写真に〝東洋のマッターホルン〟とあるのを見て、よし、本物のマッターホルンへ登ろう！と思い、道具を揃えて雪山教室へ通うことにしました。友人との食事会で、買ったばかりのピッケルを見せるとみんなが唖然としたのを今でも覚えています。

ヨーロッパの山へ行くようになって数年後、憧れのマッターホルンの山頂に立つことができました。そこで自分の山人生は終わるはずでしたが、南米の最高峰へ行きませんかというお誘いが舞い込みました。６０００ｍを超える山に対する知識もなく、想像すらできなかったので、深く考えずに行きたい！と手を挙げました。そしてその準備をしている時に乳がんが見つかったのです。２つの思いがけない出来事に抱いた思いは「生と死」でした。

がんと診断された時の驚きとショック。泣き暮らしているだけなら落ち込んでいくばかりだったでしょう。高い山へ行くということは、今思えば何かにすがりたい気持ちからの捨て身の行動だったのかもしれません。手術を延期して飛び込んだ高所登山は、日本での登山とは全く違う世界でした。南米大陸最高峰のアコンカグアでは高山病の肺水腫で死にそうになったのに、帰国後に受けたがん手術後の病室から、アフリカの山へ行く手配をしていました。放射線治療のだるさも、傷のひきつれも、山へ行くための準備のトレーニングで気を紛らわすことができました。

七大陸最高峰に登るために訪れた国や村などは、普段の生活とはかけ離れた刺激と驚きの連続です。治安の問題や文化・風習の違いがあっても、がんと比べてどちらが怖いのだろうか？と考えて、凌ぎました。大自然の中での生活は治療の副作用のつらさを忘れるのにちょうどよく、つらいことは、もっときついことをすることで忘れられると実感しました。

がんになったらエヴェレストに登れとおすすめするつもりはありません。太刀打ちできないほどの苦難や悲しみに直面し、それに対処しなければならない時。それは、想像をはるかに超える、別の大きなことに挑むきっかけになるかもしれません。

本書は、そんな少し変わった方法で、がん治療による不調を逆手に、七大陸最高峰に登った体験談を綴ったものです。すでにホームページで公開されております日記をもとに加筆・訂正をして構成されています。

お楽しみください。

はじめに　4
山と治療のはじまり　12
南米へ　16
入院、手術、放射線治療　24
アフリカへ　34
10%の確率に当たり、リンパ浮腫になった　41
南極で年越し　43
再び、南米で挫折　49
体温調節に苦しみつつ、アラスカへ　50

オーストラレーシア地域の最高峰を目指して[*]　63
南米へ、3度目の正直　67
新たな爆弾を抱えながら、ロシアへ　73
山と山の間に、手術と検査　80
オーストラリア大陸最高峰に登る　82
エヴェレスト、1回目の挑戦　85
不調とパンデミック　123
セブンサミッツ登頂成功へ　142
おわりに　204

＊オーストララシア　オーストラリア大陸、ニュージーランド北島・南島、ニューギニア島および近海諸島をさす地域区分。

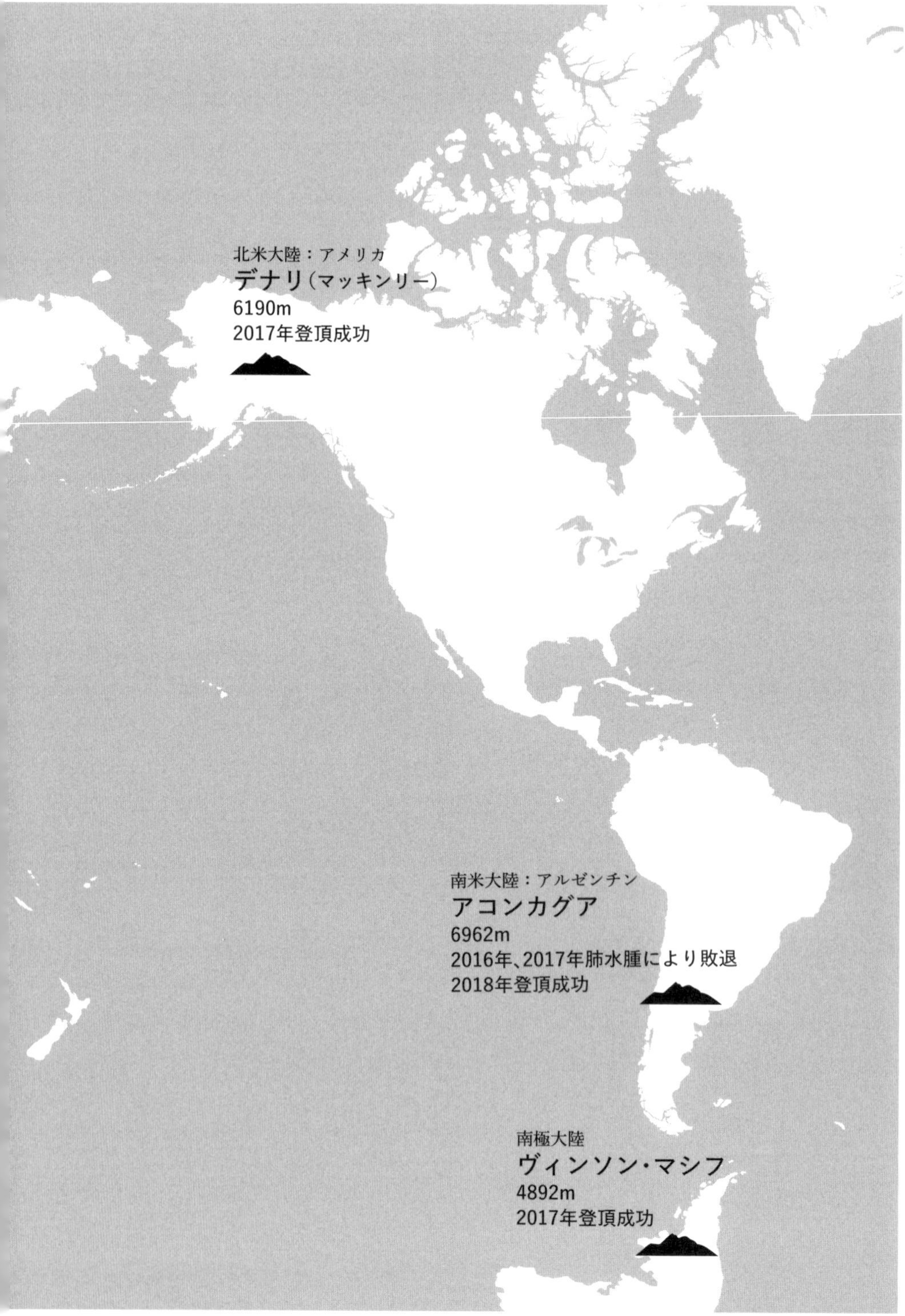
北米大陸：アメリカ
デナリ（マッキンリー）
6190m
2017年登頂成功
南米大陸：アルゼンチン
アコンカグア
6962m
2016年、2017年肺水腫により敗退
2018年登頂成功
南極大陸
ヴィンソン・マシフ
4892m
2017年登頂成功

世界七大陸最高峰

7 SUMMITS

世界七大陸（厳密には大陸ではなく地域）最高峰を制覇した人はセブンサミッターと呼ばれます。1980年代に提唱され、1992年には田部井淳子さんが女性初のセブンサミッターとなりました。現在では世界中に約500名のセブンサミッターがいるといわれています。

諸説あるため、著者は最高峰としてリストアップされたすべての山に登頂しました。

＊2015年にオバマ大統領が先住民の伝統的な呼称「デナリ」に変更したが、2025年1月20日の就任演説でトランプ大統領が「マッキンリー」に戻すと宣言した。

＊かつてはヨーロッパ最高峰といえばモンブランとされていたが、現在ではエルブルスとするのが一般的。しかしエルブルスのあるコーカサス地方はアジア文化・経済圏に近いため、モンブランをヨーロッパ最高峰とする意見もある。

＊オーストラリア大陸の最高峰はコジオスコだが、登山家のラインホルト・メスナーがオーストララシア地域の最高峰としてインドネシアのカルステンツ・ピラミッドを7サミッツの一つとして提唱し、定着している。

がんとエヴェレスト

山と治療のはじまり

2015年12月25日

２０１３年の健康診断で、乳房内の石灰化が見つかった。悪性なものではなかったので、それを機に半年に一度、北海道の旭川医科大学病院で経過を診てもらっている。

それから約2年後の２０１５年11月、石灰化部分が硬くなり異変を感じた。診察後、詳しい検査をすることになった。エコー（超音波）やマンモグラフィー（X線乳房撮影）だけでなく、ＭＲＩ検査、組織を採取する生検など、約一ヶ月を費やして、最終的に乳がんであると診断された。

検査内容が徐々に大がかりになり、なんとなく覚悟はしていたけれど、実際にがんと告知をされると、まわりの音が一瞬消え、思考も動きも止まった。診察室では冷静を装って話を聞いたつもりだが、内容がほとんど頭に入ってこない。生涯忘れられないクリスマスとなってしまった。

早期発見でステージ１だという。手術は1月15日と提案されたが、延期をお願いした。それは1月に、南米大陸最高峰の山、アコンカグアへ行くことにしていたから。主治医の了承を得て手術を延期し、手術に備えた検査は先に受けておくことにした。早く見つかってよかった、取ってしまえばいいのだろうとこの時は軽く考えていた。

2016年1月某日

1月に入ると、自覚症状もないので病気に対する意識が薄れ、南米への準備に没頭した。

南米登山への入り口は、山岳ガイドの倉岡裕之さんに出会ったこと。いきなり「アコンカグアへ行きませんか?」といわれ、高所登山がどんなものかも知らないのに、その場で「行きたいです!」と返事をした。

私が山歩きを始めたのは、屋久島に出会ったことがきっかけだ。

心身の不調を感じていた2010年頃、家族に勧められ一人で旅に出た。現地ガイドさんに「私は30分しか歩けません」と宣言して山に入ると、もう少し、もう少しと、予想以上に長く歩くことができた。そんなことを宣言した人は後にも先にも私しかいないと現地ガイドさんの間で話題になっていたと聞く。それ以来、屋久島に魅せられていわゆる〝屋久中〟となり、毎年のように通っている。

屋久島で一番好きな山は、モッチョム岳。その形が似ていることから、東洋のマッターホルンと呼ばれていることを知り、アルプス山脈の本物のマッターホルンに登ってみたい!と思うまでになった。乳がん診断前の2015年の夏、その憧れのマッターホルンをはじめ、アイガーとモンブランに登頂した。目標にしていたマッターホルンにも登ったし、もう山登りをやめようかと悩んでいた時に、倉岡さんから想像をはるかに超えたお誘いをいただいたというわけだ。

二つ返事で行くことにしたのは、何か運命的なものを感じたからかもしれない。この時に倉岡さんにお会いしなかったら、その後の私のチャレンジはなかっただろう。

屋久島と、山岳ガイドの倉岡裕之さんとの出会いが、私の登山の原点。

南米へ

２０１６年１月17日

荷作りを始めると、山の中で何日もすごすこと、帰国してから手術を受けること、さまざまな思いが湧き起こった。まあとりあえず、と、すべてダッフルバッグに詰めて鍵を閉め、一人で現地へ向かった。

成田から飛行機を３回乗り継ぎ、アルゼンチン・メンドーサの町に到着した。ホテルで１泊し、ペニテンテスという町へ移動した。空気がひんやりとしていて、動くと少し頭がふらつく。標高（２５８０ｍ）のせいかもしれない。ホテルは世界中から集まった大勢の登山客で賑わっていた。いよいよ明日から山へ入る。

２０１６年１月20日

朝起きてすぐにシャワーへ。今日からしばらく風呂なし生活になる。

車でレンジャーステーションに行き、登山申請書を提出すると、トイレに使う袋を渡された。この袋をなくすと厄介なので大切に保管しなくてはならない。登山口から写真を撮りながらゆっくり歩き始めた。乾いた風が温かく、日差しが肌を刺す。暑いので袖をまくると皮膚がじりじりと焼かれる。約１時間ごとに休憩し、トイレに行きたい場合はブッシュか岩陰で。午後、コンフルエンシアというキャンプ場に着いた。倉岡隊長から、高山病予防対策として過激な動きはやめて、１時間くらいは椅子に座り安静にしているようにと指示される。このキャンプ場の標高は３４００ｍ。常設の食事用テントの近くに個人テントを張る場所があり、トイレや水のシャワーも完備している。個人テントの中はゆったりとして居心地もよい。ここでの食事はすべてキャンプ場のシェフが作ってくれる。上げ膳据え膳はとても嬉しいが、噛みきれない肉など食べにくいものが多く、スープ以外は食べられなかった。テントではプライバシーが守られていても、よく眠れない。夜中にトイレに歩く人の足音や、早く出かける人が立てる音に起こされる。耳栓が欲しい。

寝不足のまま朝食を済ませ、少し休んでから高所順応のトレッキングに出かける。ランチを持って、標高４０００ｍのプラザフランシアへ。今まで見たことのない景色に眠気が飛んだ。呼吸を意識しながらゆっくりと歩き、標高に体を慣らす。目的地に着くと目の前にアコンカグアの南面が現れた。山を眺めながらお昼を食べて、8時間のトレッキング。キャンプ場に戻り、ドクターチェックを受けると特に問題はなく許可が出たので、翌日はベースキャンプへ向かうことになった。

２０１６年１月21日

ダッフルバッグなどの大きな荷物はムーラ*に載せ、私たちは移動中に必要な防寒着、食料、飲み物などをそれぞれのバックパックに背負って歩く。出発は朝8時頃。歩き始めは涼しかったが、太陽が山から姿を現すとジリジリと照りつける。ムーラに道を譲りながら歩き続け、ロングビーチといわれる場所に出た。

ロングビーチはその名の通り行く先が長く果てしなく、進んでも進んでも景色が止まっている。平坦な道が延々と続いているからか、どうも気持ちが上向いてこない。渡渉《としょう》*があったり、崩れかかったガレ場*を越えたりと緊張する場面もあった。

下山してきた人たちと何度もすれ違うが、ほとんどの人は疲れているように見えたので、むやみに挨拶をするのは控えた。たまに吹くアンデスの風は乾燥していて埃っぽいが、それでも嬉しい。歩いていると前から後ろから荷物を載せたムーラが駆け抜けて行く。

緩やかに登る道をしばらく進んでいると、目的地のキャンプ場前の急な登り道にさしかかった。こういう

＊ムーラ　ウマとロバの交雑種といわれる。
＊渡渉　川を渡ること。
＊ガレ場　石や岩が積み重なった不安定な場所。

標高4000mのプラザフランシアからアコンカグアの南面を見る。

ウマとロバの交雑種といわれるムーラが重い荷物を運んでくれる。

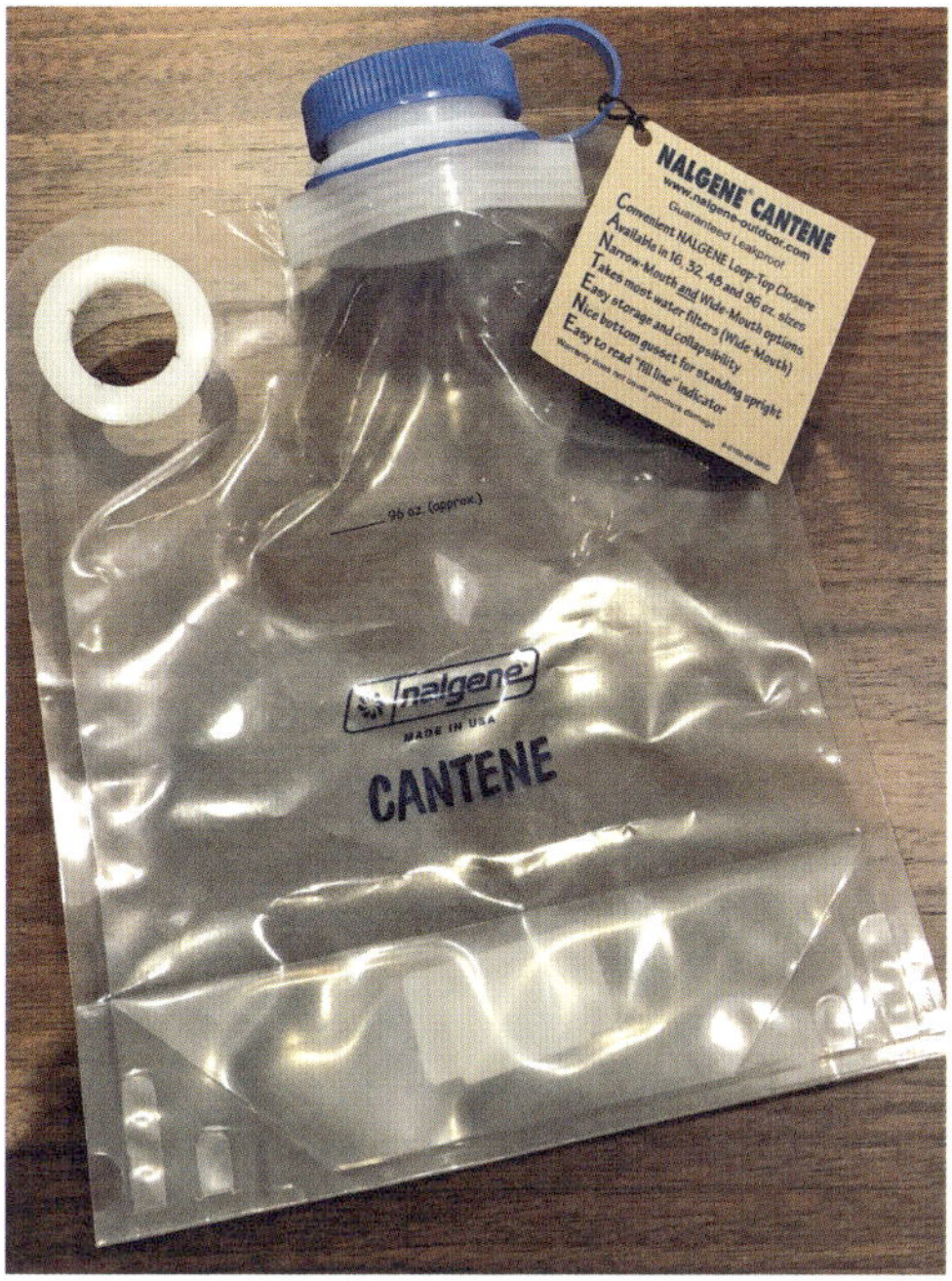

携帯用のドリンクボトルをピー（尿）ボトル専用に。

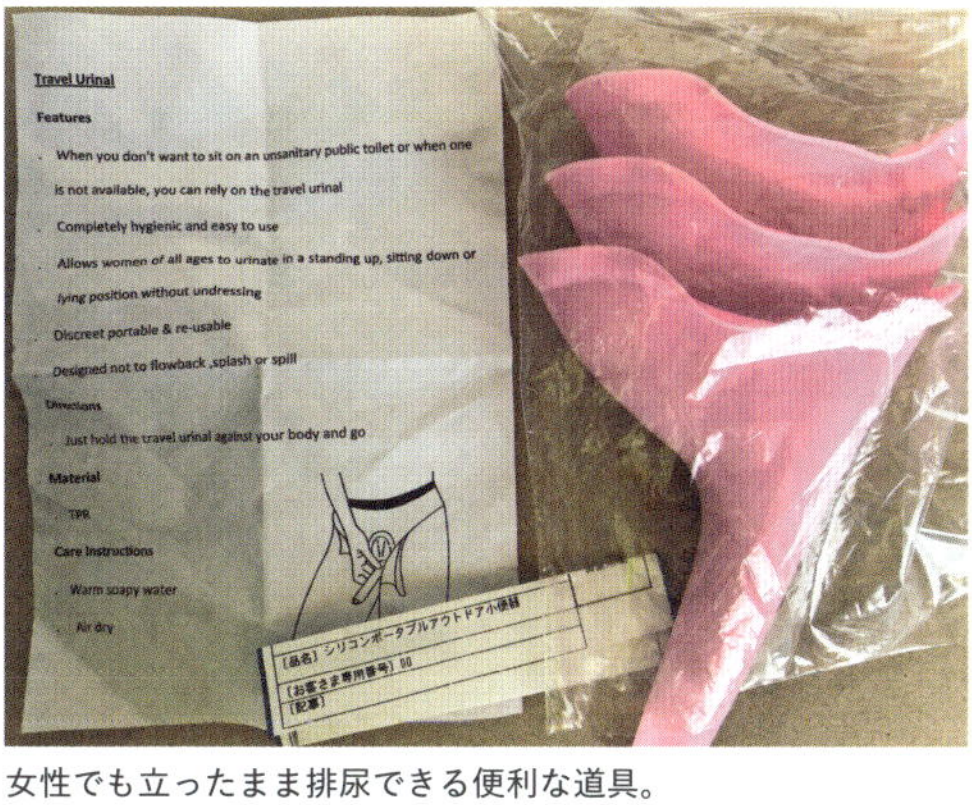

女性でも立ったまま排尿できる便利な道具。

ところは牛歩の歩みで動き、息が上がらないように登る。ゆっくりと登り切ると再び景色が開け、その先にテントの鮮やかな色が見えた。今日はベースキャンプまで、9時間かけて歩いた。

レンジャーステーションで手続きを済ませると、食事用のダイニングテントに案内された。まずすることは、安静。テントを張ってもらっている間、お茶を飲み、オキシメーターで血中酸素濃度を測り、ゆっくり呼吸する。ベースキャンプのプラザ・デ・ムーラスは標高4300m。頭が少しクラクラする。外に出ると世界各国から集まって来たたくさんの人。夜になると空には無数の星が瞬き、手を伸ばしたら届きそうだ。

2016年1月22日

このベースキャンプには数百人が泊まっている。個人で来ている人や、荷物をすべて自力で運んで来る人もいる。私は可能な限りのサービスをすべて利用したい派だ。このキャンプ場は設備が整っていて、インターネット接続や充電も可能で、お湯のシャワーも有料で利用できる。ベッドの入った有料テントもあった（行く前に知っていたら利用したかった）。診療所があり、さらに上のキャンプ地に移動するには、メディカルチェックにパスしなければならない。別格に大きなテントを覗いてみたら、ヨーロッパからの冒険好き実業家、山好きセレブ、国代表のチームなどがいた。話題もスケールが大きくて、ただただ驚くばかり。

ここでの食事もスープ以外は口に合わず、隊長が持ってきてくれた食品で凌いだ。山で食べるものはすべてがご馳走というけれど、どうしても無理なものが多い。

ここで大切なことは、食事と睡眠とトイレ。水分をたくさん摂っているので夜中もトイレに行きたくなる。トイレはあるけれど、寝袋から出て、上着を羽織り、靴を履いて、寒い外のトイレに行けばすっかり目が覚めてしまう。そこで、夜間はテント内でボトルに溜めることを教わった。水筒に使うボトルに溜めるのは（もちろんピーボトル専用にして）、初めはうまくできなくて気が焦ったが、慣れてくるととても便利。溜めれば量や色、不純物の有無が確認できて、体調を知る目安にもなる。自然の中ですごしていると、みんなで人生論でも語るのかと思われがちだが、私たちは相当真剣にトイレの話を交わしていた。

2016年1月23日

ベースキャンプでの休息日。朝起きると肩や腕が痺れたが、血中酸素濃度を測ると問題はなかった。就寝中は口を塞がれたように苦しくなり、目が覚めては深呼吸を繰り返す仮眠状態だった。経験者に相談してみると、標高を上げればもっとそうなる、そんなに珍しいことではないという。はじめての高所滞在、そんなものなのかとやりすごすことにした。

2016年1月24日

起床すると、明らかに頭の下の方が痛い。気がかりな一日が始まった。日中は散歩に出かけたが、何をしても息が苦しい。ドクターチェックでは問題なく、さらに上に行く許可がもらえたが、キャンプ内を歩くだけで息が苦しい。夜、寝ていると自分の呼吸に異変を感じた。強めに息を吐くとコポコポと音が聞こえる。隊長を起こしドクターの診療を受けると、体を45度起こした状態で横になり、朝9時にまた来るようにいわれた。翌朝診療所へ行くと、肺水腫ですといわれた。薬を飲み、注射を打たれた。今日は天気が悪く、下山のための救助ヘリが来ない。酸素マスクをしばらく使い、様子を見ながら安静にしていた。

2016年1月25日

ダイニングテントで安静にし、ヘリを待つ。順応のため上のキャンプ地へ向かう隊長たちを、にこやかに見送ったが、内心は複雑だ。今日もヘリは来なかった。夜中に何度も目が覚める。心臓が飛び出るかのよう

メンドーサの町。テラス席のあるレストランが並ぶ。

ヨーロッパの登山グループと合流して、おいしいものを食べ歩いた。

に息苦しい。酸素飽和度は50％ぐらい。これはまずい。トイレは、意識呼吸で70％まで上げてから行った。眠ることもままならない。自分が日に日に衰弱し、加速するように死に近づいているのだとも考えた。

2016年1月26日

体調を崩して3日目の朝、今からヘリが来るから10分で支度しろと告げられた。スタッフに抱えられながらヘリポートへ向かう。プロペラの轟音の中、無言で機内に押し込まれると、メンバーに何にも伝えられないままヘリが浮き上がった。救われた安堵感とチャレンジできなかった悔しさが同時に胸に重たくのしかかった。登山口から4日間かけて辿り着いたベースキャンプ、ヘリでは10分ほどだった。

標高が4300mから2590mになったことで呼吸が楽に感じ、温かい空気にホッとした。迎えの車に乗り、町へと走る。後部座席で横になると、数日分の寝不足を取り戻すかのように眠り込んだ。

約4時間でメンドーサの町に着いた。地元の病院で問診を受け、血液検査やレントゲン検査を行う。治療や検査の前に毎回支払いを済ませ、そのレシートを持って受診するシステムだった。喘息用の吸入剤が処方され、5日間は45度の角度で寝て、それ以外は普通にしていれば治るとのことだった。

その夜から、ベースキャンプで知り合ったヨーロッパグループと合流し、レストランでの食べ歩きが始まった。みんなは屋外の席が好きだが、私は肺水腫が原因なのか、排気ガスの刺激で咳が止まらなくなり、喋るだけでも少し息苦しい。毎晩の宴会では、不思議なことに誰もアコンカグアの話題には触れなかった。さりげなく聞いてみると、そこにいるメンバー全員が敗退と知る。やはり簡単には登らせてくれないようだ。

予定より10日以上早くメンドーサに戻ったので航空券を変更し、乳がんの手術日を調整し、帰国の手配をした。日本に戻ることになると、先延ばしにした手術に意識が向く。5日間、毎日おいしいものをたらふく食べて休養した。日本に戻り肺のCTを撮ると白い影は綺麗に消えていて、すぐに入院することになった。

入院、手術、放射線治療

2016年2月8日

旭川医科大学病院へ入院。術前の診察で手術の内容を聞くと、右乳房を部分切除して右腋リンパ節をいくつか取り、センチネル生検*を行うという。もしリンパ節に転移が見られたらすべてを取り除くとも説明があった。こういう説明の時は「それは嫌です、やめてください」という選択肢はない。さらに術部にドレーンを刺し、体液を受けるバッグを取り付けるというから、はいわかりましたと答えた。温存手術で、放射線治療と薬物療法へと続く。最終的には病理検査の結果により今後の治療法が決まる。そんなに大変じゃないと思った。麻酔科医には、とにかく痛いのは嫌だから術後も痛みのコントロールをしてほしいと頼んだ。

2016年2月9日

朝から手術に備えて準備する。術着になり、手術室まで歩いて向かった。点滴のルートが確保され、口にマスクを当てられると、どこか遠くにふわっと飛んで行った。

次に気がついたのは移動中のベッドの上。手術は無事に済み、リンパ節はすべては取らずに済んだと告げられた。部屋に運ばれ、ベッド右脇のクッションの上に右腕を乗せて横たわった。うとうとしていると、時々看護師さんが点滴の交換に来てくれる。夜に麻酔が切れて何度か痛み止めをお願いしたが、あまり効かない。担当医による朝の回診時に点滴の痛み止めを入れてもらうと、とても楽になった。

＊センチネル生検　センチネルリンパ節生検。乳がんなどの腫瘍が最初に転移するリンパ節を摘出し、がん細胞が転移しているかどうかを調べる検査。

２０１６年２月10日

翌日には歩けたので尿道カテーテルを抜いてもらい、管が一つ減った。寝返りが打てない以外はそんなにつらくはなかった。食事ができるようになると、看護師さんが何かのマニュアルに沿って色々な確認をする。その一つに「傷を見ることができるか」というものがあった。最初はためらう気持ちがあったけれど、時間をおいて、恐る恐る傷を見てみた。鏡に映る術部はガーゼで覆われているから、その下がどうなっているのかわからない。なぜそれを見ろといわれるのだろう？　ドレーンバッグがあるうちは外出の許可がおりない。日中はなるべく動くようにといわれていたので建物の階段を上り下りして日に日に元気を取り戻していた。

入院中は時間がたっぷり。倉岡さんに連絡を取り、次の山の予定を立て始めた。夏に、アフリカ大陸最高峰キリマンジャロと２番目に高いケニア山バティアンへ行こうと決めた。

２０１６年２月14日

点滴が外れると、積極的に体を動かすようにいわれた。院内の階段を１階から11階まで往復していると、そこまでしなくてよいと主治医。体が動き出すと色々なことを前向きに考えるようになってきた。

退院前日、ドレーンが抜かれてガーゼが小さなものに変わり、術後の右胸を初めて見て、全身に衝撃が走り抜けた。がんは１㎝に満たないのに、術部がえぐれたようになっている。温存するってこんなことだったの？　ショックで言葉を失い、呆然としてしまった。

禁止事項はリンパ浮腫予防のための内容だった。術側の右腕は血圧も測れない。注射、鍼、重たいもの、傷、虫さされ、負担のかかる運動、運転、すべて禁止。それでいて、家事は積極的にしましょうという。

クライミングはどうか？

つまり手で岩をつかんで体を引き上げ、岩を登ることだと説明すると、それは今後できませんという。

その言葉を聞いたとたん、喉の奥が熱くなって全身の血の気が引き、倒れそうになった。もう他の説明はどうでもよかった。絶望感で頭は空っぽ。昼食を食べに出かけて家族に相談すると、医師のいうことを聞いていればいいんだと怒鳴られ、この言葉にさらに打ちのめされた。

延命したために岩登りすらできなくなる人生なら、手術を受けない選択だってあった。石灰化の時に手術していたらこんなことにならなかったじゃないかと叫んだ。こらえていた感情が溢れ出す。病室で泣きじゃくっていたら主治医が来た。クライミングができないとはどういうことか？　涙目で睨みつけた。するとそんなことはない、いずれできるようになるという。それならそれでよかったけれど、また別の涙が止まらない。変形した胸については、今はまだ待って欲しいといわれ、一度思いをしまうことにした。

2016年2月8日入院、9日手術、15日退院。

2016年2月某日

退院してからしばらくはゆっくりすごした。傷が痛んだり、腹部が差し込んだりと体調のよい日は少ない。毎日が強い不安でいっぱいで、色々な人に電話をした。今まで一緒にクライミングをしていた人が乳がんで全摘していたことも初めて知った。すがるように話を聞いて、生涯クライミングができないなんて嘘だと確信した。今はまだ難しいけれど、折り合いがついてくると色々なことを乗り越えられるという。

がん患者さんのカウンセラーをやっている友人に、家族が親身になってくれず、話すほど深く傷つき落ち込んでしまうと相談した。すると、家族は第二の患者、同じようにパニックになっているんだよと教えてくれた。そうなのか……。少し気持ちが軽くなり、自分に都合のよい言葉がなくともいいやと思った。

退院してからかなり精神が揺らいでいた。なぜこんな目に遭わなくてはいけないのかと答えのない問いに沈み、このままでは魂まで朽ちてしまうという恐怖に見舞われた。私は夏にキリマンジャロへ行くんだ、そ

退院後は東京に移り、毎日1時間トレーニング。

のための準備をしよう。落ちている場合ではない。痛みに我慢できる範囲で体を動かしてもよいといわれたので、北海道から東京の家に移り、リハビリに打ち込むことにした。肩関節の可動域を戻しながら筋力を取り戻すリハビリトレーニング。しびれて動きにくい右腕を意識してトレーナーさんと毎日1時間打ち込んだ。

その後、最終的な病理検査と今後の治療を決めるため北海道に戻り、旭川医科大学病院へ。ステージ1、ルミナールA*、リンパ節転移はなし、ホルモンレセプター陽性。転移率が低いがんとのことで、所見通りの結果だった。それでも放射線治療とホルモン療法（内服5年、皮下注射2年）が推奨された。手術の時のように知らないで済まさないよう、副作用についてじっくり聞いた。ホルモン療法はやりたくないと思ったが、乳腺専門看護師さんと90分以上話し合い、治療に耐えられなくなったらやめるということで落ち着いた。腹部を冷却剤で冷やされ、まずはホルモン療法のため、1ヶ月タイプのゾラデックス製剤が注射された。針が太く、抜かれてもしばらく痛みが残った。これを2年続けるのかと考えたら、また涙がこぼれた。

2016年3月某日

1回目の注射を打ち、抗エストロゲン剤（ノルバデックス）の服用を始めた。注射でエストロゲン（女性ホルモン）の分泌を止め、さらに飲み薬でエストロゲンの作用を妨げる。それによってエストロゲンを餌に増殖するがん細胞の勢いを抑えていく。

手術から1ヶ月すぎた頃から放射線治療も始まった。放射線を当てると照射部のがん細胞だけでなくよい細胞も焼かれるが、よい細胞は再生する。月曜から金曜まで毎日病院へ通わなくてはいけない。運転も禁止されていて、どう通うかが課題。北海道より交通の便がいい東京で受けようと紹介状を依頼した。東京の病院なら25回のところを20回で終えられるところもあるという。早く治療から解放されたい。

色々考えて東京都済生会中央病院へ行ってみることにした。まずは乳腺外科の診察へ。放射線治療を受け

*ルミナールA　乳がん全体の約70％を占めるタイプで、ホルモン療法の効果が高いとされる。

たいことと、この変形した胸をなんとかしたいと話した。すると、切った胃を元に戻せないのと一緒で胸も元には戻らないといわれた。女性医師だったから少しは理解してくれると期待したが、そうではなかった。元に戻せといっているのではなく再建方法がないか知りたいだけなのに。

この病院は合わないかな？　もう治療なんてやめようか。吹き抜けの綺麗なロビーで目に涙を溜め、天井を見上げた。それでも日をおいて考え直し、放射線科の診察を受けてから決めることにした。放射線科は看護師さんも担当医師もとても感じがよい。初診で25回＋５回の30回が基本的治療だといわれた。そうなると平日通い続けて１ヶ月半もかかってしまう。20回の治療はイギリス式と呼ばれ、今年４月から希望者に正式に適用となるやり方だそうだ。現在の治験者は通常海外で暮らしている方で、時間を短縮するために行っているとのこと。私も短縮したい。「海外の山へ行くんです！」と熱く訴えた。技師さんとも相談してなんとか20回で行うことに。回数が変わっても浴びる総線量は同じなので、１回分の線量が増えるだけ。急いでいるなら明日から始めるかと聞かれたが、それには心の準備が……と答え、翌週から始めることになった。

２０１６年３月14日

放射線治療の初回、男性検査技師３人に囲まれ、胸に油性マジックでたくさんの線を書かれた。この線は大事だから消えないようにといわれるが、トレーニングで汗をかくと消えてしまう。だから毎回お絵描きタイムが必要になった。

毎日同じ時間に通院して、毎日抗エストロゲン剤を飲む。毎日男性３人の前でトップレスになりお絵描きされて、放射線浴。慣れてきてもあまり気分のよいものではない。

同じ患者さんとも毎日会う。うつむき加減でいるから挨拶することにした。みんな何かのがんと闘っているのだ。自分だけ恥ずかしいなんていっていられない。

治療すると体がだるくなると聞いていた。自分はいつそうなるのかと構えていたが、医師に聞くと「気にしないでください、ならない人もいます」とのこと。治療のあとは毎日ジムでトレーニングすることにした。

2016年4月某日

4月になると要領も得て、色々なことに慣れてきた。いまだ起こっていない副作用に怯えることも少なくなった。起こってから考えればいいとどんどん予定を入れ、クライミングジムへも復帰して、外岩*へも行って来た。こうすることで私は大丈夫と思うことができた。

リンパ生検の傷跡がチリチリする。右手の小指と薬指が痺れて腋の下も痛い。でも傷は動かさないと癒着して固まってしまうので我慢できる範囲で使えばいい。トレーナーさんも初めはおっかなびっくりだったけれど、次第に私の意欲に応えてくれるようになった。トレッドミルで早歩きから始め、毎日少しずつやっていたら軽く走れるようにもなった。ゆっくりでも体力を取り戻すと、精神の不安が薄れてきた。

照射部の印であるマジックやテープは服の首元からはみ出して、どうしても外から見えてしまう。それらを隠せる服を持っていなかったので、テープの上からラインストーンを貼ってみた。すると、素敵なボディーアクセサリーのようになった。このラインストーン・アレンジは治療者たちの間で話題になったようで、こんなことをした人は他にいないけれど、治療に影響ないからいいアイディアだといわれた。

放射線治療が17回を超える頃、腋に加えて皮膚が薄い乳頭や乳輪が焦げてきた。

2016年4月某日

放射線治療後2ヶ月は2000mを超える登山はドクターストップ。つまり6月11日以降からは本州の山へ行ける。キリマンジャロ登頂に向け、出発前に前穂高や富士山に登って体調を見ておきたい。「ミウラ・

＊外岩　自然の岩場でのクライミング。

屋久島で、もう少し治療を続けてみようと思った。

屋久島の登山道には目印にピンクのリボンが結ばれている。ピンクリボンは、乳がんの早期発見・治療の大切さを伝えるシンボルマークでもある。

ドルフィンズ」の低酸素室へも行った。４５００ｍ相当の酸素濃度の部屋で90分すごす。腹筋と背筋が締め付けられる感じがあった。トレーナーさんに今後のことを相談すると、東京医科大学病院の渡航者医療センターを紹介してくれた。肺水腫のレントゲン写真を見せて、高所へ行けるのか意見を伺った。肺の機能検査では右肺中葉に炎症の影があり、これは放射線治療が原因だという。それでも、肺活量は１２０％、ガス交換機能は１００％を超えていたので、機能していない部分があっても問題はないそうだ。「山へ行くなといっても、行くでしょう？」。注意事項を守って行ってきなさいといわれた。

さらに気になることもある。ホルモン分泌を抑える注射を始めて約２ヶ月で月経が止まり、イライラ感、感情の乱れ、不眠、ひどいほてりと発汗に見舞われた。つまり更年期様症状である。本来は数年かけて減少していくエストロゲンの分泌を強制的に抑えたから体がついていかない。一番苦しいことは、全身が燃えるように熱く、大量の汗をかいて一晩に何度も目が覚めること。毎日が寝不足でイラつかずにはいられない。

睡眠剤を処方しましょうかと聞かれたが、高所登山のためには安定剤や睡眠剤に頼れない。試した漢方薬が合わず、慶應義塾大学病院の漢方外来にすがった。こんなにつらくても「重症ではない」という。乳がん治療もあるし、1年くらいはゆっくりしていたらどうかといわれたが、1年もじっとしていることなどできない。今思えば、焦っていたのだ。死に対する意識と、不透明な将来に押しつぶされていたのだと思う。だから、震え声で「それは困ります、なんとかしたいからここにきたんです」と訴えた。おかしな人だといわれたが、副作用を和らげる漢方薬に加え、高山で役立つ薬の処方もしてくれた。

ケニアとタンザニアへ行くので渡航前に予防接種も必要だった。がん治療中だと受け付けてくれないところもある。予防接種を受けるのも簡単にはいかない。

２０１６年４月某日

放射線治療が終わったら屋久島へ行くことにしていた。私の山歩きの原点である。自信を失っていた過去の日々に元気がもらえたのはこの島のおかげ。焼酎「三岳」でも有名な永田岳・宮之浦岳・黒味岳を初めて日帰り縦走した時には、自分が強くなってきたと実感できた。だから、エネルギーを満たしに来たのだ。

着いた日の夜は嵐で落雷による停電もあり、穏やかではない。しかし私は治療から解放され嬉しくてたまらなかった。天気を調べると、山へ行けるのは明日1日だけ。それならば目指すのはモッチョム岳。

かつてと変わらぬ森は静寂と潤いに満ちていた。花崗岩のフリクションが効いている。苔の緑は目を憩い、巨木の佇まいにかしこまる。治療で体調が悪いし、がんがどこかに転移するかもしれない。身も心も傷だらけ。たくさんの人から〝不幸中の幸い〟といわれたけれど、そんなことといわれたくない。海を見つめ、風に吹かれ、湿った香りをたっぷり吸い込んだ。山頂の岩に登ると風が雲を押しのけて景色を見せてくれた。この神がかり的な瞬間に、山が登らせてくれたんだと思った。もう少しだけ、治療を続けてみようか？　嫌ならいつでもやめればいい。様子を見る感じで臨めば気持ちが楽になるかもしれない。北海道へ戻って、もう一度注射を打とう。森の道しるべのピンクのリボン、これからは違う意味にもなっていく。

アフリカへ

2016年7月25日

キリマンジャロへの挑戦を最終決定したのは4月のこと。その頃は体調が悪くなかったから、大丈夫だと思っていた。出発が近づくにつれて次第に不調が増えたが、それでもどのくらいできるか試してみたかった。

ドーハ経由でナイロビへ飛んだ。今回も倉岡さんに隊長をお願いした。隊員は私一人。キリマンジャロの前に、まずはアフリカ大陸第2高峰のケニア山に登る。登山口でポーターさんなどたくさんのチームメンバーが待っていて、私のためにこんなに大勢の人がいるのかと思うとたじろいでしまった。ゆっくり歩いていると、彼らは私をどんどん抜かして道の先へと消えていく。最初のキャンプ地の標高はすでに3300mだから、ゆっくりと動く。テントに泊まり、夜のトイレはボトルへの生活が始まった。

2016年7月28日

2日目は近くへ歩きに行ってきた。チームのジェームズはレジ袋を下げ、私はバックパックを背負っていた。同じ所へ行くのに格好がアンバランスなチームである。標高3600mまで歩き、少し休む。簡単な歩きでもパルスオキシメーターで血中酸素濃度を測定。起きている時も、寝ている時もスマホに記録してモニタリングした。これは出発前に診察に行った東京医科大学のドクターとの約束だった。

3日目は朝から胃が痛む。どこにいても理由もなく涙が溢れて、メンタル面が少し不安定。ここにいる喜びよりも、ここへ来るまでのがん治療など、さまざまなことに対して抑えていた気持ちが込み上げてくる。

ジェームズはレジ袋を下げ、もう一人のメンバーは傘を杖に、私はバックパックを背負っていた。

ケニア山最高峰バティアン。頂上付近は雲に隠れている。

それでも4日目は次のキャンプ地へ向かう。雄大なアフリカの景色に目を奪われながら、〝ポーレ・ポーレ〟*と歩く。現地のメンバーがとても陽気で救われる。標高4200mのシンプトン小屋に到着した。

2016年7月30日

ここでは山を案内する人、料理を作る人、身の回りの世話をしてくれる人とそれぞれの担当がある。食事の前には石鹸を持ってきてくれて手を洗うようにいわれ、まるで昔の貴族のようだ。

これから滞在する標高4200mは私にとって最大のチャレンジである。不安な夜をすごし、翌日は順応クライミングへ。胃の調子も整って、体調もよくなってきた。ダイアモックス*を飲んで水分をたくさん摂っているから夜は何度もピーボトルが必要で、そのたびに血中酸素濃度も測る。この数ヶ月間、日本で夜間に何度も目が覚めることがつらかったが、それが高所で役に立つなんて思わなかった。ここでのための練習だったかと思えばつらいことにも意味があるのだと、副作用に感謝。

2016年8月1日

予想よりも寒く朝方は0℃。空気が乾燥しているから体のべたつきは気にならない。とはいえ1週間お風呂に入っていない。天気がいいから多めにお湯を沸かしてもらった。ピッチャーからぬるま湯をかけてもらい、シャンプータイム。体はウエットタオルで拭けばよいが、頭はシーブリーズで拭いても何となく痒い。タオルドライして髪が乾いたところで今日の順応へ出かけて、レナナピーク(4985m)に登頂。

2016年8月2日

今日は休息日。洗濯物を乾かしながら、この数ヶ月を思い起こす。今日のためにどれくらいのことをして

＊ポーレ・ポーレ　スワヒリ語で〝ゆっくりと〟を意味する言葉。
＊ダイアモックス　血中の酸素量を増やして肺機能の低下を防ぎ、尿量を増やしてむくみを緩和するなどの薬。

きたのだろう？　頭がおかしいといわれながら、さまざまな診療科の医師に懇願し、薬まみれでケニアへやって来た。体調不良からか、単なる不安からかわからないが毎日涙がこぼれてしまう。チームのみんなは私のために荷上げや食事の準備、身の回りの世話をしてくれる。泣いている場合ではない。

2016年8月3日

ここからは隊長と2人で、アフィシアターのテントまで岩登り。標高4900mに泊まるのは初めてだ。

2016年8月4日

今日は頂上を目指す日。あたりにはうっすらと霜が降り、空気がぴーんと体を突く。空に浮かぶ雲は龍の姿をしていた。雲龍を見たのは屋久島の天空の祠以来の2度目。

動くと息が上がり、鼓動が体中に響く。標高が上がるにつれ息が苦しくなる。クライミングのベテランならなんてことはないだろうが、登山靴に手袋をはめバックパックを背負っていると、その重みで岩から剥がされるような感覚だった。ガスで隊長の姿は見えず、一人で岩に張り付いている気分だった。好きで来ているはずなのに、なんでこんな所へ来てしまったのか？と自分に問いかける。隊長との会話もなくなった。頭を空っぽにして到着した山頂は、想像より小さな場所だった。緊張から解放され、ケニアコーヒーで乾杯。喜びと感動で涙が出るのかと思ったが、出たのは鼻水。

2016年8月8日

ケニア山登頂後は国境を越えてタンザニア・モシの町へ。壊れそうなバンが迎えに来た。モシから車で約2時間、登山口のマラングゲートへ。熱帯雨林を進み、日没ギリギリに到着したのはマンダラハット

キリマンジャロの前に、アフリカ第2高峰のケニア山バティアンにも登頂。頂上を目指す朝、雲龍が現れた。

荷物を頭の上に担ぐのがタンザニアスタイル（?）。奥に見えるのがキリマンジャロ。

2016年8月11日アフリカ大陸最高峰キリマンジャロに登頂。

（２７２０ｍ）。４人用コテージとダイニングルームの大きな建物がある。

朝起きると温かいお湯と石鹸が用意されるのはケニアと同じ。アフリカの登山スタイル？ ポーターさんたちの歩く速度はケニアに比べてとてもゆっくり。荷物を頭の上に担ぐのがタンザニアスタイルのようだ。14時前にはホロンボハット（３７２０ｍ）に到着した。

３日目は、キリマンジャロ登頂の起点となるキボハット（４７０３ｍ）へ向けて歩き出す。この辺から高所順応を意識する。約6時間で到着すると、大部屋には2段ベッドが配置され、12人くらいと同室になる。山頂へ出発するのは深夜。私たちは遅めのスタートで行くことにした。いよいよ明日は山頂へ向かう。

２０１６年8月11日

ガイドのイサとアシスタントのアンドリューは出発前に色々な注意点を説明してくれた。しかし当人たちは手袋もなくスニーカーを履いてバックパックは背負っていない。荷物は？と聞くと、ポケットに飲み物とスナックが入っているという。何度も登っている人たちは装備が違う。

仮眠後、深夜0時30分に小屋を出発し、ヘッドライトを頼りに砂礫の道を登り始めた。登山道を見上げると先に出発した人たちの光のラインが揺らいでいる。休憩は岩陰で。トイレに適した場所はないが、その旨を伝えればみんなが後ろ向きになって壁を作ってくれる。なんだかお姫様スタイルである。

ペースは速くはない。それでもいくつものグループを抜いて順調に高度を上げた。尾根に上がると倉岡隊長からペースアップの指示が出された。早く歩くと息が苦しく、たまに目の焦点が合わなくなる。これは「今後も高所登山を続けるのであれば、限界を知って欲しい」という考えによるものだった。思考が止まったりしながらなんとか山頂に着いた。下山して、小屋に戻ったのは朝の8時40分頃。４泊５日のキリマンジャロ登山は歩く距離が長くて楽ではなかった。登山口に戻った時にやっと登頂の喜びが湧いてきた。

10％の確率に当たり、リンパ浮腫になった

2016年10月某日

ケニア・ナイロビからロストバゲージも遅延もなく日本に帰国した。1月に南米でかかった高山病の肺水腫、2月の乳がん手術とその後の治療など、登山には不安要素ばかり。だからキリマンジャロに登頂できたことは自分の中で人生最大の喜びだと感じた。日本に戻るとまず和食、次の日はお寿司と、食欲が暴走した。

そしてまたお腹にホルモン抑制剤の注射を打つ日がやってきた。今後は山の予定に合わせて1ヶ月タイプと3ヶ月タイプの注射スケジュールも立てなければならない。腋の下の突っ張り感も気になる。腋窩の一部が線状に浮き出て伸びない糸のようになって引き攣れ、その後ろ側は感覚がなくて横側は痺れている。新しい症状が増えてしまった。病院へ行っても様子を見ましょうとしかいわれない。たった4個のリンパ節を取っただけでなぜこうなるのかと気持ちが重くなってしまう。

山にいる時は目の前のことに必死になり、シャワーの回数も減るから傷のことはあまり気にしないでいられた。日々の生活に戻ると、忘れていたことを思い知らされる。

帰国後は疲れが出たのか、毎日体がだるくてやる気が何も起こらない。それなのに、申し込み期限が迫る南極登山への参加書類を提出した。出発は年末。それまでには元気が戻ってくるだろうとも思っていた。

9月はのんびりとすごして、南極に行くための提出書類を準備した。10月になると、術側の右腕がどうもおかしい。だるくて重く、状態は日によって変わる。そして……リンパ浮腫の診断が下された。私が受けた術式後にリンパ浮腫になるのは10％ぐらいと聞いていた。それに当たってしまうとは。重症化させないため

の治療は、皮膚の保湿、セルフマッサージに弾性スリーブをはめて軽めの運動をすることだった。日中は自分に合った治療用のスリーブを腕と手にはめて、寝る時は外してクッションに腕をのせ、仰向けになる。

トレーナーさんは本当に大丈夫なのかと気にかけてくれたが、スリーブを着けて週一回のトレーニングは続けた。避けたいのは*蜂窩織炎《ほうかしきえん》。そうなると入院。傷を作らない努力をして、約3週間で浮腫がおさまった。

リンパ浮腫の治療用スリーブ。

＊蜂窩織炎　皮膚とその下の組織に細菌が感染して炎症を起こす病気。

南極で年越し

2016年12月29日

どこの国にも属さない南極の山、ヴィンソン・マシフへ行く。集合場所はチリのプンタアレーナスの町。チームはインドネシア、スイス、日本の合同メンバーだった。空港で乗り込んだチャーター機イリューシンの機内には窓がなく、配線などがむき出しでオイル臭が漂っている。約4時間30分の飛行でユニオングレーシャーに到着。滑走路はツルツルの氷だ。タラップを降りて南極に上陸。転ばないようにペンギンのように歩いた。空気が澄んでいて青と白が鮮やかだ。雪上車に乗りキャンプ場へ向かう。ここは設備がとても整っていて、充電もシャワーも可能。テントを張り夕食を食べていたら、天気の都合で今からベースキャンプへ飛ぶという。1時間で荷造りとテントを撤収してプロペラ機に乗り込んだ。

2016年12月30日

ベースキャンプに入ると、ここからは自炊。毎日たくさんの水を作るのに忙しくなる。燃料がホワイトガソリンで扱いが難しいため、倉岡隊長と副隊長が準備してくれた。

2016年12月31日

大晦日は蕎麦を食べた。久々の出汁の味が嬉しい。お正月に南極にいること、素敵な仲間と一緒にチャレンジすることが素晴らしくてウキウキだ。

２０１７年１月１日

元日は私の誕生日。みなさんがケーキでお祝いをしてくれた。楽しい嬉しい時間が終わると、午後からはさらに上のローキャンプへ移動。自分たちで荷物を背負い、ソリを曳く。初めは楽しかったソリ曳きだが、だんだん大変になってきた。クレバス*に落ちないように７m間隔でロープに繋がって、道を逸れないように歩く。真白な世界、進んでも進んでも辿り着かない不思議な感覚。途中で腕が痺れてきた。バックパックのベルトが手術したリンパ節を圧迫している。「また浮腫に？」の疑念が頭をよぎる。こんなに荷物を運ばないといけないなんて知らなかった。７時間以上かかってようやくローキャンプに着いた。22時前なのに太陽が沈まないので明るい。お祝いのあとはソリを曳き続ける、そんな誕生日を一生忘れない。

２０１７年１月２日

太陽が沈まず朝も夜も明るい毎日。時間の感覚はなく昼すぎまで寝て、午後からハイキャンプへ向かう途中に荷上げをした。荷物を担ぎ、かなり急な斜面をアセンディング*。これもまた初めての経験だった。最大で55度くらいの傾斜もある。荷物を置いてローキャンプに降りる。この日も夜は遅かった。う〜ん、なかなかキツイ。

２０１７年１月３日

今日はハイキャンプへ上がる。休息日はない。テント用品や防寒具を背負って昨日行った急登《きゅうとう》のさらに上へ向かう。すでに荷物は重たく、途中に置いた荷物も合わせて担ぎ上げるなんて自信がない。みんなで相談し、荷物を減らすためにテントは３人で一つを使うことにした。歩き出すと、重い荷物にもかかわらず、昨日より楽に登れて気持ちは軽くなるが、置いてあった荷物を拾うとさらに重くなった。道が緩やかになって

＊クレバス　氷床にできる深い割れ目。
＊アセンディング　危険箇所の安全確保のために張られたフィックスロープに登高器具を使用して登る技術。

も、標高が上がり、今度は違う苦しさがやってくる。何も考えずに足を前に出し続けると、ヒョッコリとハイキャンプが現れた。

毎日が想像を超え、新しい体験を重ねて、自分のリミッターが外れていく。先に到着していたロシア隊長のアレックスがみんなの水筒にお茶を作ってくれた。とっても嬉しくて助かった。毎日が忙しい三が日。日本のお正月を思うこともなく、すごしていた。天気が何よりも優先だから休まずに、山頂を目指すのは明日4日となった。

2017年1月4日

いよいよ頂上へ向かう。2班に分かれロープを繋いで歩き出す。私は副隊長の班になった。寒くなることを見越してダウンパンツを穿いたが、天気がよく気温がマイナス5℃くらい。動いていると、とても暑い。その暑さにのぼせて次第に頭がぼうっとしてきた。雲一つない真っ青な南極の空、眩しく鋭い白銀色の雪原。白夜だから時間を気にしなくてもよいが、だんだん体が動きにくくなっていく。休憩しても疲れが取れず、ペースが私には早い。山頂が近づいているのに体は重く、気持ちが滅入ってきた。ここを上がれば山頂というところですっかり諦めモードになってしまい、魂が抜けかかって雪の斜面に座り込んでいたら、後方に倉岡隊長のチームが見えた。チームを移りたいとお願いすると、「登りたい意欲はありますか？」と聞かれ、強く頷いた。ロープを繋ぎ直して一歩一歩ゆっくりと進み出した。もう歩けないかと思っていたのに、隊長の背中に希望の光が見えた。気分が悪い人、叫んでいる人、無言の人。そんなギリギリチームが一歩一歩山頂へと向かう。尾根に上がり、雪を被った岩稜《がんりょう》*を進むと、少し広くなった頂上に立った。全員登頂し、ハイキャンプまで戻った。

＊岩稜　岩石が露出した尾根のこと。

夏の南極では太陽が沈まないので、常に明るい。

プロペラ機でベースキャンプに移動。

ローキャンプを出発。ハイキャンプに荷物を運ぶ。

氷を溶かして水を作る。

ハイキャンプへの道のり。

バースデーパーティを終え、ソリを曳いて粛々と歩く。

見渡す限りの雪原。

2017年1月4日南極大陸最高峰ヴィンソン・マシフ登頂。

2017年1月6日

ハイキャンプで一晩休み、翌日ローキャンプへ下山。南極では荷物もゴミもすべて持ち帰るのがルールだ。食料は減るけれど、それがトイレゴミになってさらに重くなる。ローキャンプに着くと、10分後にセスナが飛ぶという。これを逃せば天気の関係で次はいつ乗れるのかわからないので、慌てて乗り込んだ。

ユニオングレーシャーに戻ると、そこは天国だった。暖かいダイニングテントでのおいしい食事に9日ぶりのシャワー。しばらくは天気が悪いのでチャーター便が来るまで毎日のんびりとすごす。

2017年1月9日

天気が回復し、イリューシンがやって来た。席に着くとオイルの匂いが懐かしく思えた。プンタアレーナスの空港から町のホテルにチェックイン。まずはちゃんとしたシャワーを浴びる。この瞬間、安心感と有り難さに満たされて、ようやく登頂の喜びが体の奥から湧き起こる。

再び、南米で挫折

2017年2月某日

南極大陸最高峰に登頂したあと、その足で倉岡さんとアコンカグアへ。もう一度挑戦したかった。見覚えのある景色。天気も体調も前回に比べてすこぶるよい。テント生活やピーボトルにも慣れて酸素飽和度の値も悪くなかった。前回肺水腫になったベースキャンプ（4300m）でも息は苦しくなく、その上のカナダ、ニド（5580m）までの順応登山も問題ない。ベースキャンプよりも上の景色が見られて嬉しかった。

数日後、ニドにキャンプを移し、インデペンデシアまで登って最大体験高度を伸ばし、すべてが順調に運んでいるように思えたが、翌日コレラ(5970m)に向かう途中で息が苦しくなってきた。風が顔に当たるだけで呼吸が妨げられ、動きが鈍くなる。登るのをやめてニドキャンプに戻った。お昼を食べ、少し昼寝をすると、体がもっとおかしくなった。頭の下の方が重たくて息を深く吐くと音がする。小さいけれどこれは去年と同じ音！　降りることにした。

ベースキャンプに着いたのは22時頃。自分のテントに戻り、寝袋に横になる。しかし横になると息がもっと苦しい。ドクターの診察を受けるとやはり肺水腫。下山指示が出されたが、苦しさからその時はショックに思わなかった。薬をもらい、診療所で朝まで45度の角度で横になりながら酸素吸入。翌朝9時すぎにヘリに乗った。15分ほどで登山口に着陸し、夕方にはメンドーサのホテルにチェックイン。シャワーを浴びると体の中から言葉にならない無念な思いが湧き起こった。2度目の挑戦もまた肺水腫により登頂ならず。色々なことを決めるのは自然だったり、自分の脳の反射だったり。どうしたら登らせてくれるのだろう？

体温調節に苦しみつつ、アラスカへ

２０１７年６月某日

治療を続けて1年も経つと、体の不調に慣れる点もあれば、悪化する点もある。放射線治療の副作用は落ち着いてきたけれど、ホルモン療法の影響は月単位で増していった。体温調節機能が少しずつ狂い、日々ストレスが増えていく。寒さに対しては着たり巻いたりすれば大体なんとかなる。でも暑さに対しては限界がある。特に冬場の屋内外の温度差。外気に合わせた上着で混雑した電車に乗り込むと、サウナに入った状態のようになって汗をかき、その後それが冷えて、寒くなる。それ以外で困るのは、ヘアドライヤー。髪を乾かすと頭の温度も上がり、スイッチを入れて2分もすると顔や地肌から汗が吹き出る。せっかく洗ったのに汗まみれだ。治療による異変は、きっと人によるのだろう。その程度もさまざまだろう。情報不足の私は、初めて直面する異変のすべてに、振り回されているのかもしれない。

２０１７年６月16日

日本からロサンゼルス経由でアンカレッジ空港にやって来た。

空港近くのホテルに泊まり、翌朝車でタルキートナの町へ移動した。小さな町は自然に囲まれ、レストランやお土産物屋さんはこぢんまりとしていた。観光地だから食事などの物価は高めだ。

これから北米最高峰デナリにチャレンジする。

入山前に現地ガイドオフィスに行って安全登山の説明を聞き、装備のチェックがあった。チェックはかな

２０１７年７月某日

なんとか北米大陸最高峰デナリに登頂できて猛烈に嬉しかった。私の体調ではあらゆる面から見て条件的に厳しい挑戦だった。山頂に立てたのは、倉岡隊長とメンバーが私をサポートしてくれたから。これは生涯忘れない感謝である。下山が遅くなったけれど、タルキートナの町で22日ぶりにシャワーに入り、シャンプーしてもなかなか泡立たないことに喜びを感じた。

帰国後の血液検査では、疲労が出たのか数値が悪い。数日点滴を受けながら体調を取り戻した。普通の生活に戻ると、山では忘れていたイラつきが頻発し始めた。ホルモン療法で私に起こっている副作用は大きく2つ。体温調節がしにくいこととイライラすることだ。それらが原因となり、睡眠の質もかなり悪い。

空港で飛行遅延の金券をもらった時のこと。コーヒーを頼み、金額に満たないけれどお釣りは出ないというので追加でミネラルウォーターをお願いしたら、もう遅いですとぶっきらぼうにいう店員さんに、思わずコーヒーをかけたくなった。そうしないために睨めるだけ睨んで気を収めた。とある蕎麦屋さんでは、会計時に少し遅れて領収証を下さいと頼むと、舌打ちされて「今度から先にいって下さい！」といわれ、頭に血が上り、カウンターを思い切り叩こうと拳を作って引っ込めた。友人とのチャットのやりとりが負担になり、呼吸が苦しくなることもある。そんなイラつきに漢方薬の抑肝散を飲んでいるけれど、効いているのかわからない。でもやめたら本当に手を出してしまうのではないかという恐れから飲み続けている。

よい対処法が見つからないので、すべてから少し距離を置くことにした。

最近、がんに相当ムカついている。やはりイラつきは止まらない。

キャンプ3からの出発時には天気がよかったのだが……。

やっとセスナが見えた。撮影／倉岡裕之

オーストラアシア地域の最高峰を目指して

2017年10月6日

七大陸の一つはオーストラリア大陸、その最高峰といえばコジオスコ（2228m）となる。しかし登山家ラインホルト・メスナーはインドネシアにあるカルステンツ・ピラミッド（プンチャック・ジャヤ、4884m）を提唱している。これはオーストララシア地域の最高峰となる。どちらでもよいのかもしれないが、両方登ってみたいと思った。順応を兼ねて先にインドネシアのロンボク島にあるリンジャニ山に登頂し、その後バリ島でカルステンツ・ピラミッドに登るメンバーと合流した。

2017年10月12日

バリ島からインドネシア・パプア州のティミカへ飛び、ティミカからヘリに乗ってベースキャンプに入る。ティミカの空港とベースキャンプの両方の天気が整わないとヘリ移動ができない。天気の変化も激しく、一便が出ても次の便が飛ぶ保証はない。早朝降り立ったティミカの空港はスパイシーな香りと現地民族のエキゾチックな雰囲気が漂い、山の格好をして靴を履いた私たちはかなり浮いていた。

ヘリに乗るまではホテルで待機。このホテルはさまざまな航空会社の乗組員が利用しているので、食事は安全そうだ。食事が大丈夫でお湯が出て、タオルがあり、トイレが流れることが重要。排水がよくないとか、エアコンからの水漏れ、ソファーが汚いなどは問題ではない。観光する場所はなく、ホテルでヘリに乗る順番をひたすら待つ。いつになったらベースキャンプ入りして登れるのかわからないが、登れるまで帰らないと決めた。待ちきれずに帰国してしまう人もいるが、次の機会に来ることを考えたら粘った方がよい。

２０１７年10月17日

いよいよ空港に行くことになった。私たちの飛行は3番目だという。荷物検査と搭乗手続きをして、クーラーの効かない空港ビルの2階でベースキャンプの方角を見つめて待っていた。温室状態の待合室の椅子で横になりウトウトしていると「今日は飛びません」の声で目が覚めた。明日再び空港へ来ることになった。

２０１７年10月18日

昨日と同じように空港で手続きを済ませ、待合室で座っていると10分後にヘリが飛ぶという。それだけでやったーという気持ちになった。離陸し、高度が上がると副操縦士が時々パイロットの顔の前で酸素缶を噴霧する。どんな効果があるかは不明。雲を避けながら約40分の飛行でベースキャンプに着いた。

一気に４０００ｍへ来たから、頭がクラクラした。空気はひんやり、風はない。水分補給し、ゆっくり動く。プライベートテントに入ってエアーマットを膨らませていたら意識が飛びそうになった。

お昼すぎに順応トレッキングに出かけると登りで息が上がり、心臓がばくばくと体を打ってくる。クラクラしたり頭がキューっと締め付けられたりするので、休んでは呼吸を整えた。周りの景色を楽しみながら登るルートを確認し、ベースキャンプへ戻った。登頂は明日。よほどの悪天でない限り雨でも登りに行く。

２０１７年10月19日

朝ご飯の準備が遅れ出発が6時15分になった。歩き始めて15分、弱い雨が降り始めた。目の前にそびえる岩壁にフィックスロープが張られている。そのロープにアッセンダーをセットして、岩登りが始まった。私は現地ガイドと登り、もう一人のメンバーは倉岡隊長と行動をともにする。動き始めは体が慣れず息が苦しくなったりしたが、深呼吸してリズムを作りながら動くと少しずつ慣れ始め、楽しい気持ちでどんどん登ることができた。10ピッチ*ぐらいで尾根に出て、そこからはトラバース*しながらワイヤー上を歩くところもあった。人生初のワイヤー渡りは雨で足元が滑りやすく、下を見るとどこまでも切り立った谷になっていた。落ちても大丈夫なようにカラビナ*を両サイドにかけていたが、ぶら下がってしまったらどうやってワイヤーに戻るのだろう。何よりも怖かったのは、ワイヤーもなく飛び移るところ。そんなところが2ヶ所あり、落ちたくない！と思いっきり飛んで岩にしがみついた。

山頂に着く頃にはみぞれ混じりの雨に変わり、あたりはガスに覆われて風も吹いてきた。記念撮影をしたら下山。来た道が雨で沢や滝のようになっているところもあり、まるで沢登りのような状況で午後1時すぎにベースキャンプに戻った。怖いところもあったけれど、とても楽しい山登りだった。

２０１７年10月20日

朝になっても雨が降り続き、テントは雨漏り。持っていた寝袋がプラス5℃仕様だったため、夜は寒くて服を着込んだ。雨が止む気配はない。ダイニングテントで朝食後に衛星電話を借り、日本行きのチケット変更を頼んだ。雨が弱まると、今度は風が強まった。時々大きく吹いてはそのたびにテントが揺さぶられる。

何度目かの強風に襲われた瞬間、テントが私たちの方へ大きく凹むのが目に映り、気がつくと椅子ごと飛ばされていた。腰の痛みで岩に背中を打ち付けられたことに気がつき、手のひらからは流血。横にいた倉岡隊長はテーブルにあった食事の残りを体にかぶり、もう一人いたメンバーはなぜか無傷で椅子に取り残されて座っていた。ダイニングテントは半壊。あたりが静かになって外に出てみると、トイレテントは飛ばされ、キッチンテントの半分がもぎ取られ、色々な物が散乱していた。

＊ピッチ　ルートの区切り。ロープの長さで区切られる。
＊トラバース　山の斜面をほぼ水平に移動すること。
＊カラビナ　リング状の登山用具。

翌朝は何事もなかったかのようにスッキリ晴れた。遠くからヘリの音が聞こえると、救われたような気持ちになった。しかし1便しか来ないと知り、手持ちのがん治療薬がなくなったからとお願いして、先に乗るアメリカンチームに紛れ込ませてもらった。無事ヘリに乗り込んでティミカの町に戻り、シャワーを浴びてその日のうちに一人で先にバリ島へ戻った。カルステンツ・ピラミッドに登頂するには、いかにヘリに乗るかが鍵である。

待ちに待ったヘリに乗る。

人生初のワイヤー渡り。

2017年10月19日オーストララシア最高峰カルステンツ・ピラミッド登頂。

南米へ、３度目の正直

２０１８年2月6日

南米大陸最高峰に3回目のチャレンジ。今回は過去2回とまったく違うプランで挑む。ダラス経由でアルゼンチンのブエノスアイレスへ。そこから国内線でサルタに飛び、今回も同行をお願いした倉岡さんと待ち合わせた。

高所に弱い私に今回の特別順応プランを提案してくれたのは、スイスに本拠地を置く山岳ツアー会社のカリーコブラ氏。過去2回の失敗があるが、ワインを飲み、美しい景色を見ながら高所順応するのはどうだろうかといわれたら、断る理由はない。まずはサルタの町のアンティークなホテルに泊まった。

翌日は町を出て古城のワイナリーホテルへ。人里離れた場所なのにホテルには観光客が多い。料理は好みの自然素材を活かしたものばかり。ワインもおいしい。今回の課題はリラックスと集中。チームは私一人だから自由にし放題でもある。この町の標高は２２８０ｍ。2泊し、時間をかけて順応する。体は熱くなったり冷たくなったり体温調節がうまくいかない。高所にも慣れにくいけれどホルモン治療薬にもいまだに慣れないでいる。

移動は有名なルート40を走る。舗装されていない道を何時間も車に乗るのは、馬に乗っているようである。移動の途中、世界一標高の高いワイナリーに寄った。テラスでゆっくりと食事をしながら標高別のワインを飲み比べ、庭にあるサボテンの実を食べたりした。今回の高所順応は、移動中のランチもワイナリー、宿泊もワイナリーホテル。高所はともあれ、ワインにはだいぶ順応してきた。

２０１8年2月11日

毎日の車移動はおよそ5時間。標高３５００ｍのエルペニョンに2泊した。この標高に数泊するのが私にはいいようだ。そこからの移動では、途中の景色が美しくて車を停めてばかりだった。車の揺れ方が増すほどに壮観な風景になって、見たことのない自然の光景に言葉を失った。

サンアントニオのホテルは３７００ｍ。ここに1泊し、途中にある小さな山に登りながら再びサルタの町に戻った。９日間の順応の旅でワインを飲みながら壮観な景色を見ていたら、何をしに来たのかわからなくなってしまった。

２０１8年2月17日

ワイン順応、いや高所順応を終えてメンドーサに来た。まずはペニテンテスの宿アイリン・ホテルへチェックイン。ここも3回目で勝手がわかっている。ここからは禁酒。これは山へ入ったら登頂するまでは飲まないという自分なりの願かけの一つだ。北アルゼンチンで飲み溜めしてあるし、標高が上がるとワインの味はわからなくなるので、戻るまでの楽しみにとっておくことにする。

翌朝7時前にホテルを出て、登山許可を申請してからオルコネス登山口へ向かった。ここもしっかり覚えている。違うのは、歩きではなくヘリでベースキャンプ入りすること。キャンプもプラザ・デ・ムーラスではなくてプラザ・アルゼンチンに変わる。こちらのベースキャンプは山を３６０度ぐるりとコースを歩くルートに使われる。過去2回挑んだオルコネスルートよりも時間が長くかかるが、景色の変化に富んでいる。私には2回の失敗があるため、いかに登るかが最優先だった。その結果、事前にアルゼンチンで順応して、ベースキャンプにはヘリで入り、体力をセーブしながら、登頂日だけ長く歩く計画になった。

アコンカグアでのヘリといえば、救助してもらうために過去２回乗った。今回はそれを登るために使う。

ベースキャンプまで歩く場合は順応しながら数日間必要になるが、ヘリなら10分とかからない。

ベースキャンプに着くと、カリーコブラならではの、立って歩き回れる大型テントが個人用に用意されていた。標高4200mの余裕のない世界で、かなり整った環境でのベースキャンプ生活が始まった。

2018年2月25日

15リッター分のシャワーを浴びることができ、トイレは汲み取りだが便座が花柄の快適なベースキャンプ生活。ドクターチェックも問題なく、天気を調べながら登頂する日を探す。

星が見える日は空がキラキラになり、音が聞こえそうなくらいに瞬き合う。風が強い日にはテントが飛ばされて、雪が積もる日もあった。キャンプ1からは自炊なので、食料などはポーターさんに上げてもらう。

体調は悪くはないが、少し緊張している気がする。おまじないを唱え、出発間際には山頂方面を見据えて登頂のイメージを描いた。

お昼前にベースキャンプを出発、休憩しながらキャンプ1に着いた。キャンプ場は他に人がいなくて貸し切り。テントを張ってもらい、休息と明日の登頂準備に取りかかった。

今回のもう一つの秘策は、酸素。眠る時は鼻にチューブを当て、歩く時は酸素マスクをつける。明日はここから頂上まで一気に登る。通常ならもう一つ上のプラザコレラ(5970m)で1泊して臨むが、私は高い所で寝ると肺水腫になる可能性が高いので、距離が長くなってもキャンプ1から頂上に挑む。

2018年2月26日

朝3時前に起きて軽く食べたら出発だ。あたりはまだ暗く、ヘッドライトの明かりで進んだ。登るにつれて傾斜がきつくなる。小さな岩屋で最後の休憩を取った。ここから始まるグランカナレータ*は、標高が

*グランカナレータ　アコンカグアの急斜面のひとつ。

息を呑む景色。

何度も車を停めて撮影した。

キャンプ1から頂上を睨む。

さまざまな角度から山頂を眺めつつ、頂上を目指す。

2018年2月26日南米大陸最高峰アコンカグア登頂。

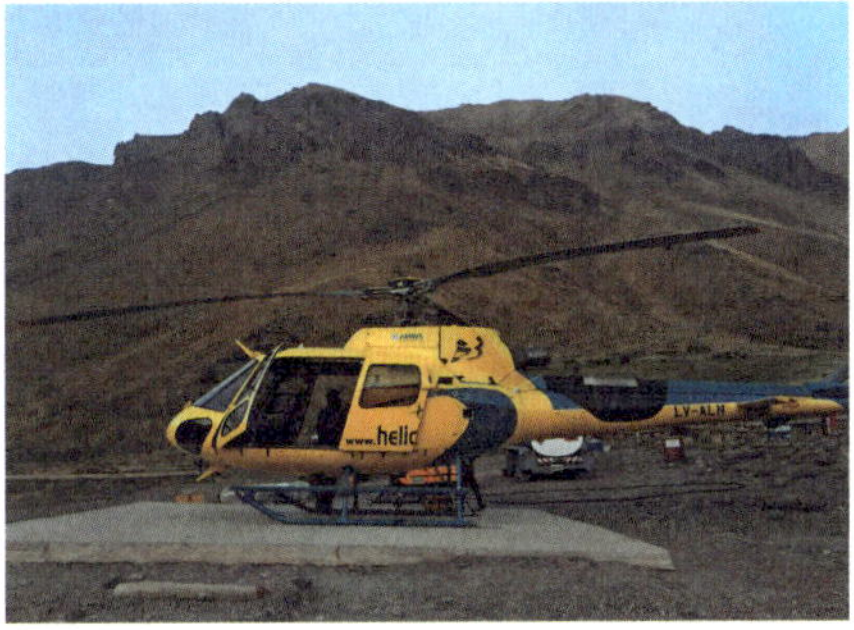

過去2回は、救助され下山するために乗ったヘリ。今度は登るために乗る。

アコンカグアのベースキャンプ、ラグーナヴェルデは世界一美しいといわれる。

立って歩ける大型のダイニングテントでくつろぐ。

６７００ｍを超える。他の人は気にせず自分のペースを保つ。上をチラッと見ると、あと少しで山頂だ。急斜面の雪道が少し歩きにくいが、倉岡隊長の背中に導かれるように1時間、ここが一番きつい。
岩を登り抜けたら山頂へ出た。よく晴れ渡り、３６０度の開けた景色。南米大陸で一番高い山アコンカグア、３回目でようやく頂に来ることができた。それなのに、想像したような感動は起こらなかった。喜びで涙が溢れるのかと思っていたのに……。15分くらい滞在して下山を開始した。下からは続々と人が登ってくる。とても苦しそうでみんな頑張っている。登った道を引き返し、キャンプに戻ったのは17時頃。登り8時間、下り5時間の旅。その晩の夢には山頂の景色が出てきた。

2018年2月28日
白目が赤くなり、目が少し痛い。登頂日にサングラスを忘れたので、やはり雪目になったようだ。ちょっとした刺激で涙がほろほろと出る。重症ではないから目薬でやりすごすことにする。メンドーサのホテルでシャワーを存分に浴びて、大きなベッドに斜めに寝た。町のランドリーに洗濯物を出してハマムで半日すごし、３日間のんびりした。

2018年3月9日
続けて南米大陸第2位のオホス・デラ・サラドにも挑戦し、登頂することができた。喜びが収まらず、帰国時に税関の人に話すと「そうですか」と答えてくれた。ワイン6本の税金もきちんと払った。

新たな爆弾を抱えながら、ロシアへ

2018年4月20日

南米の山への挑戦を終えた頃には、ホルモン治療を続けて2年が経っていた。まだ一向に体が落ち着かない。不眠はセブンサミッツが終わるまでの我慢、けれど突然起こる尋常ではない汗には本当に困っている。特に人に会っている時や電車に乗っている時に起こるとソワソワしてしまう。体の汗なら気づかれないが、顔や頭から滴り落ちたりするのは恥ずかしい気持ちにもなる。夏は目立たないけれど、春秋冬は隠せない。

日中の悩みを減らそうと、髪形を思いきって変えることにした。前髪を作りおでこを隠す。長年おでこを出すスタイルでいたけれど、切ってみたら意外といい。少しずつ広がるおでこと、次第に目立ってくるシワも隠れて、見かけが少し可愛らしい感じにもなった。問題といえばすぐ伸びてしまうこと。今までは年に3回程度通っていた美容室には、毎月前髪をカットしに行くことになった。少し面倒だけれど、同年代のヘアスタイリストさんに日頃の悩みやボヤキを話す時間になり、色々な面で軽くなれた。今まで通りでいられなくても、よいことも増えてバランスがとれているのかもしれない。まだまだ工夫の余地があり、よかった。

２０１８年4月20日、前髪を短くした。

2018年6月5日

２０１６年の手術から今に至り、通常の定期診察を3ヶ月に一度、全身的ながん検診を年に一度受けている。乳腺外科と服用中の薬の関係で婦人科での検査と診察も続けている。２０１８年のがん検査は問題なかったが、婦人科では経過観察中の腫れた卵巣がさらに大きくなり、放っておくと破裂する可能性もあるといわれた。悪性ではないが、破裂したら失神するほどの激痛に見舞われ救急車が必要になるそうだ。

次に目指す山はロシアにあるエルブルス。出発は２０１８年の6月15日。その10日前にそんなことがわかった。爆弾を抱えて海外登山するのは心配ではあるけれど、そういうことは前にもあった。問題は、気にしすぎてメンタル面がやられてしまわないかということ。少し考えて、山は延期せず帰国後手術することにした。手術に必要な検査を済ませたら、それをひとまず忘れ、エルブルスへの準備に集中した。

この山の経験者に話を聞くと、みな口を揃えて食事がまずいという。そもそも海外では食事が合わないことが当たり前なのに、まずいなんて。お菓子などを多めに持って行くことにした。ロシアには行ったことがない。どんな国なのだろう？　どんな山なのだろうか？　ドキドキするけれど楽しみだった。

２０１８年6月15日

アエロフロート航空はサービスも食事もなかなかよかった。モスクワでの入国審査はパスポートを見せるだけで書類が印字され、何も聞かれずとてもスムーズ。モスクワから国内線に乗り継ぎ、ミンボディーへ。現地ガイドのウラジミールの案内で、観光客専用のホテルにチェックインした。今までにないことは、フロントにパスポートを預けること。訪問者は全員そうするのが義務のようだ。渡航先でパスポートが手元から離れる経験は今までにはなかった。だからいいようもない不安を感じた。それがなければ国外で自分を証明するものがなくなってしまう。しかし自国を離れたら郷に従わなければならない……などとさまざまな思いが巡った。ある意味で刺激的なロシアでの一晩をすごし、翌朝アザウの町へ向かう。ここはスキーの人が来るところ。ホテルの部屋は小さいけれど、それと同じ広さのジャグジーが備わっていた。食事も悪くない。ここに数日泊まりながら登山の準備をする。明日からはまず高所順応。

お気に入りの牛すね肉とジャガイモのスープ。

冬場にスキー客が集まるアザウはこぢんまりとした町。

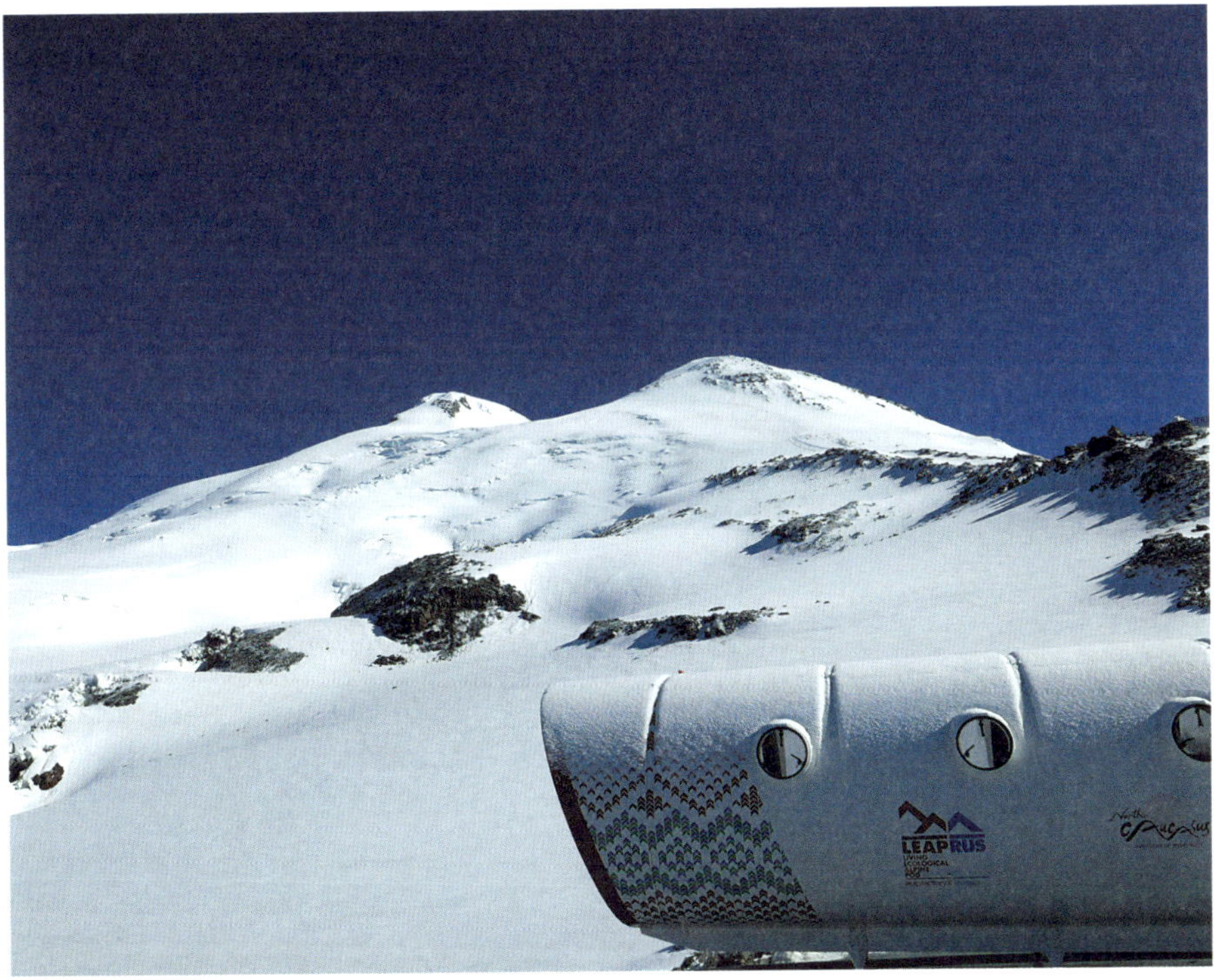

標高3900mの山小屋の奥に見えるのがエルブルス山。東峰と西峰の間は約3km。

２０１８年６月17日

アザウの町はこぢんまりとしていて、スキーリフト乗り場まで歩いて5分のところに宿泊した。乗り場の周辺にはいくつかレストランがあり、お昼はそこで食べる。

今日はゴンドラを乗り継ぎ、そこから１時間ほど歩いたところにあるカフェですごして高所順応。ランチのメニューは読めないけれど料理は大体どこも同じである。私のお気に入りは牛すね肉とジャガイモのスープ。化学調味料が入っていなくて嬉しい。ロシアのクレープ、ハーブ入りのブリンチキはおいしくてサワークリームがとてもよく合う。もっちりとした食感にすっかり虜になってしまった。

ホテルでは英語が通じないので、日本語とジェスチャーでドライヤーを借りたいとお願いしたら、シャンプーやシャワーキャップが出てきた。翌日の順応も前日と同じようにゴンドラを乗り継ぎ、40分ほど雪原を歩いた。

２０１８年６月20日

標高２２００ｍのアザウの町でよく眠れるようになったのに、今日からは標高３９００ｍの山小屋生活が始まる。ゴンドラに荷物を乗せて、終着駅から雪上車で山小屋に向かった。他の人が来る前に気に入ったベッドの場所を決めて、昼食。ボルシチがとてもおいしい。懸念していたまずい食事はなさそうだ。午後からは高所順応に避難小屋（４１００ｍ）まで歩き、中で休憩。

ここへ来てから山頂はいつも雲に隠れている。太陽も見えないからか気分が晴れない。スキーヤーを乗せたスノーモービルが私たちの脇を走り抜けていくと、排気ガスの臭いが鼻をついた。雪上車の轍《わだち》の上を歩くとズブズブと足が取られる。ウラジミールはいつも歩くのが速い。

山小屋に戻ると、人が増えていた。カザフスタンの人たちで、体の大きさに圧倒された。夕食になるとさらに色々な国の人たちが集まり、広くないダイニングエリアは背の高い人たちの威圧感で満たされた。
翌朝は窓からさす光で4時すぎに目が覚めた。窓の向こうには初めて見るエルブルス、雪を綺麗に被り可愛らしい姿で、想像よりも大きな山がそびえていた。夜はそれなりに休めたが、ピーボトルを使う場所に困る。カーテンはないし、居間の部屋には誰かが来るかもしれない。
朝食後、順応へ。途中で山頂を睨み、登るぞ！と気合を入れた。登頂日は明後日。明日が最後の高所順応の日になりそうだ。そして、目指すのは私が睨んで拳を握った峰ではなくて、その奥にある峰だとあとで知った。明日の順応で睨み直しに行かなくては。

2018年6月21日

小屋に泊まっているほとんどの人が私たち同様、今日の深夜に出発するようだ。みなさんが小屋で休んでいる間に、私たちはもう一度高所順応へ出かけた。疲労は溜めたくないのでスノーモービルでパスツーコフ岩まで上がり、そこから5000m付近まで歩いた。歩いても息は切れず、調子がいいみたい。それでもゆっくり歩くことを意識した。今夜は山頂へ向かう。「卵巣が破裂しませんように」と願う。昼食後、昼寝をしたら今夜の出発準備をする。小屋の中は出発に向けソワソワした空気が漂っている。

2018年6月22日

夜中の1時に起きて2時に雪上車に乗って出発。雪上車には20人ほどが窮屈に座った。車上の暗闇の中、空を見上げると天の川と星が瞬いている。その美しさが緊張を少し和らげてくれた。ひんやりとした風を受けながら深呼吸して雑念を払う。雪上車がどこに停まるかは、その時の斜面の状態による。なるべく上まで行って欲しい。この時は5000m付近まで行くことができた。

車から降りると、歩き出す準備が始まる。どのチームも慌ただしい雰囲気になった。一番早く動き出したのはイタリアチーム。歩きも速いペースで進んでいった。私たちは急ぐことなくヘッドライトを点けて最終確認を行い、2時30分頃に歩き出した。ウラジミールを先頭に、私が次に続いた。雪はほどよく締まっていて歩きやすい。90分ほど歩くと広めのコル*に着き、ひとまずの休憩をした。山小屋にいた他の人たちもあとから続々と向かって来るのが見えた。トイレをしたいけれど隠れる場所はない。思い思いにタッションする男性たちを羨みながら、先行するイタリアチームが出発し、後ろの人が来る前にトイレを済ませた。

ここからが正念場になる。再び歩き出してしばらくすると傾斜がきつくなり、フィックスロープが張られていた。ウラジミールの歩き方は速く、動いては止まるスタイル。私には合わないので、倉岡隊長に先頭を代わってもらった。すると、とても動きやすくなっていいペースで進めるようになった。ゆっくりだけれど呼吸が楽で、動き続けられるのだ。気がつくと先頭を切っていたイタリアチームに追いつき、そのまま追い越して傾斜を登り切ると、広くて平らな尾根の遠くに山頂が見えた。倉岡隊長と長い道のりをゆっくり歩く。辿り着いた山頂には誰もいない。後ろにも、ウラジミール以外誰も見えない。風は強めだったけれど貸し切りの山頂を30分ほど満喫して、次のチームが来る前に下山を開始した。

なんだか調子がよく、まだ疲れていない。これは私にとって非常に珍しい。だから西峰（5642m）に続けて東峰（5621m）へも行ってみたいと提案してみた。倉岡隊長は、行くのはいいけれどヘロヘロになりますよという。トレースがわからなくなったらそこで戻ることを条件に歩き出した。東峰は岩が多くて楽しい。このままのペースで歩けば山頂へ行かれるだろうと進んでいたら、本当に行けた。

すがすがしい山々の景色、寒さを我慢できなくなるまで留まって、小屋に向けて下山した。最後はスノーモービルで降りる。だから同日に2峰を踏破できた。小屋にはみんなが登頂して戻っていた。私たちが東峰へも行って来たというと「素晴らしい！　君は本当に強い人だ」とほめられ、誇らしい気持ちになった。

＊コル　2つのピークの間の尾根のもっとも低いところ。馬の背のように安定した場所のことが多い。

アタック前の山小屋は、ソワソワした雰囲気に。

順応後、スノーモービルで山小屋に下りた。

2018年6月22日 ヨーロッパ大陸最高峰エルブルス西峰登頂。

同日、エルブルス東峰登頂。

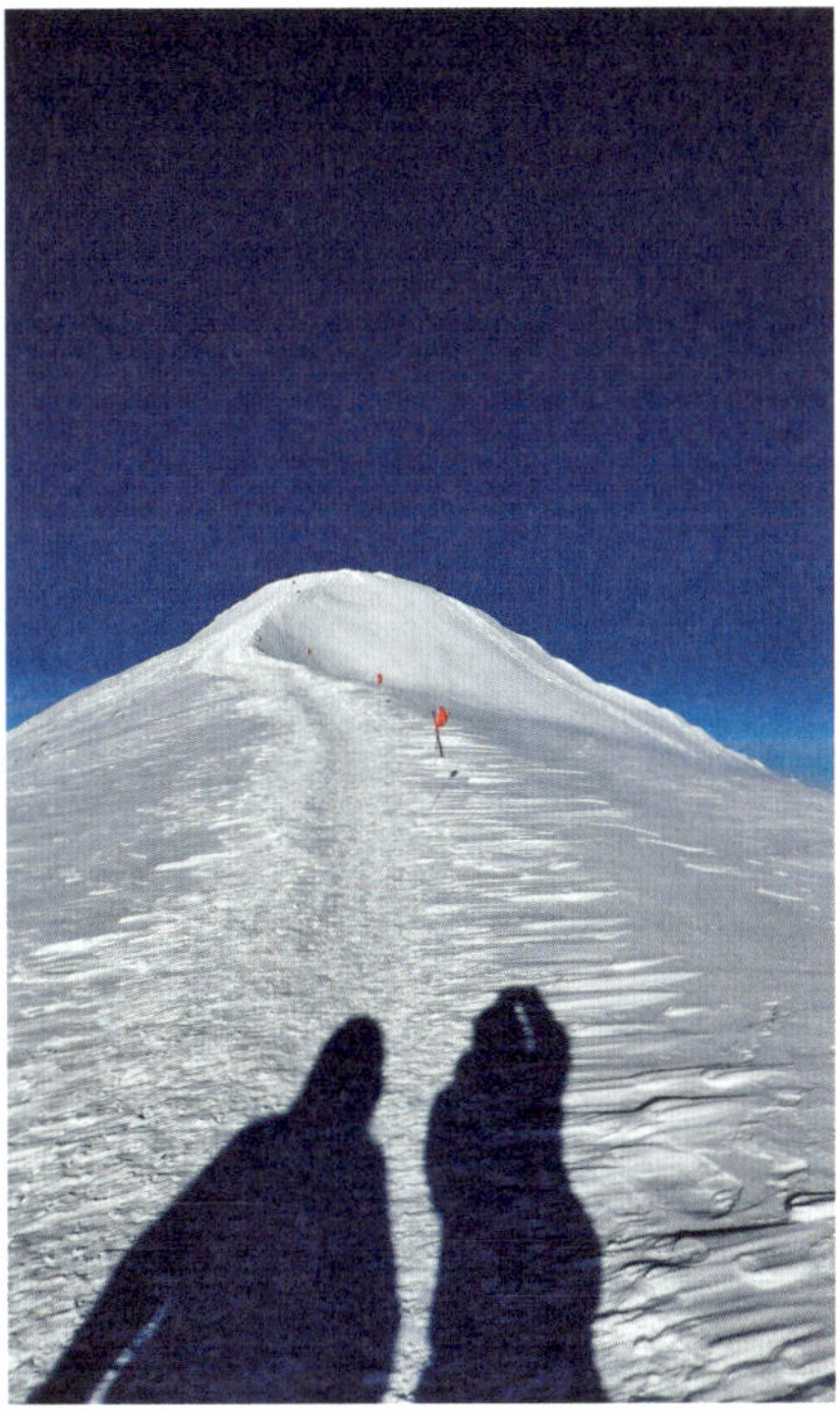

尾根の向こうに、誰もいない山頂が見える。

山と山の間に、手術と検査

2018年6月28日

涼しいロシアから戻ると日本はとても蒸し暑く、しばらくはどことなく体が重たくなっていた。

翌週からの入院に向け、必要な血液検査や入院の説明を受けに行った。今回の手術は、腹腔鏡による卵巣摘出術。執刀医師から、今受けているがんのホルモン治療と今後の転移等のリスクの可能性を考えて、今回両側の卵巣を取るのはどうかといわれた。すでに女性ホルモンを抑えているので、今よりも体調が悪くなることはないという。そうであるならば危険因子は潰しておきたい。両側の卵巣を取ることにした。

2018年7月9日

旭川医大病院に入院。いつもと同じ病室を用意してくれていた。この部屋も今回で5回目。看護師さん、薬剤師さん、麻酔科医師に担当医師が次々に現れて質問や説明が始まった。こういう時はいつも生返事をして頷いているけれど、頭に入ったわけではない。大事なことは食べること。20時までは食べてもよいというので、病院食以外に、差し入れの鰻弁当とコンビニスナックを食べる。あとで下剤を飲まなくてはならないが、舌は思いっきり嬉しい。夜からは水だけ。手術前夜に眠れない場合は睡眠剤をくれるというけれども、術中は麻酔でずっと眠れるし、仕事や勉強をするわけじゃないから寝不足でも問題はない。

手術は無事に済み、翌朝から起き上がる練習を始めて徐々に体を起こしていくと、午後には立ち上がれた。トイレまで歩けるようになり、尿道カテーテルを外してもらう。病院の生活は落ち着かないこともあるけれど、食事は上げ膳据え膳で部屋の掃除もしてくれるので、嫌いではない。

術後2日目にはどんどん歩いてくださいといわれた。廊下歩きはつまらないから階段を上り下りして地下のコンビニへ行ったら、いつものように主治医が来てそんなにはやらなくてよいといわれてしまった。ロシアの山で卵巣破裂しないで登頂成功！　手術も成功！

2018年11月某日

12月のオーストラリア登山へ行く前に、北海道で年一回のがん全身検査を受けた。最初のがん告知が12月だったので、この検査は毎年11月から12月に受けることになっている。何かと慌ただしくなる年末に、普段は忘れかかっているがんに真剣に向き合う。検査が済むと東京へ戻り、オーストラリアのコジオスコへ向かった。帰国後、再び病院で診察を受けて結果を聞きに行った。この年も、結果は問題なし。そしていつもの「体調は？　何かありますか？」のやり取りも変わらない。

「よくないです、夏の手術のあとから、今までより少し悪くなりました」

何をいったって、がん治療を優先させているので不調をなくすことはできない。わかっているつもり、でも困らせる一言をいわずにはいられなかった。

「こんなんだったら、もう全部の臓器をとって機械を埋めてほしい」

本気でそう思ったりするから大目に見て欲しい。

今は検査や診察を受ける時以外はがんのことはほとんど忘れている。セブンサミッツ制覇を目指しているから気持ちを強く持つことができるのだと思う。もちろんできないことが増えてしまったけれど、命がある限り自分にできることを一生懸命、真剣に取り組むことはとてもやりがいがあることと思っている。

オーストラリア大陸最高峰に登る

２０１８年12月４日

７月に受けた卵巣摘出手術後は、腹腔鏡手術であっても腹圧がかけられず、どことなく力が入らない。だからしばらくはサラシを巻いてすごした。２ヶ月くらいで次第に普通の生活に戻れたけれど、時間とともに少しずつ慣れてきた体が、再び後ろに引き戻されてしまった。今より体調が悪くはならないといわれていたのに……。それでも、次はオーストラリア大陸を目指す。夜便でシドニーへ飛び、プロペラ機でキャンベラへ。レンタカーでジンダバインの町へ向かった。ビジターセンターで、６日からマウンテンバイクの大会が開催されリフトが使えなくなるから、山へ行くなら明日の５日がよいと聞いた。ホテルにチェックインしてすぐに明日の準備に取りかかった。到着した次の日は本来ならゆっくりしたいところだが、リフトが使えなくなるとかなり歩くことになる。だからなにがなんでも明日リフトに乗って山頂を目指すことにした。

２０１８年12月５日

町に馴染むよりも先に山へ向かう。車でおよそ50分、スキーロッジが建ち並ぶスレドボの町へやって来た。念願のリフトで上がり、案内板を確認すると山頂への往復は13㎞。歩くルートは固有種植物を保護するために鉄鋼板が綺麗に設置されている。ほぼフラットで歩きやすく、澄み渡る空気に広がる景色は雄大だ。少し登ると山頂へ出た。居心地がよく、ゆっくり１時間ほどかけてランチを楽しんだ。

続けてオーストラリア第２高峰にも登り、下山中にリフト乗り場まで90分というサインが目に入った。リ

固有種植物保護のため、鉄鋼板で整備された登山道。

同日、オーストラリア大陸第2高峰タウンゼンド登頂。

2018年12月5日オーストラリア大陸最高峰コジオスコ登頂。

フトの最終は16時30分と聞いている。普通に歩いていたら間に合わない。悩む間もなく、早歩き、小走りとひたすら駅に向かって進むことになった。来る時に楽だった道が急に苦しく感じる。疲労で足が重たいだけでなく、標高２０００m付近を走り続けるのはきつい。駅に着くとヘタリこみそうになったが、なんとかリフトに乗ることができた。下を見るとマウンテンバイクで明日の大会の練習をしている人たちが見える。

降車駅では、しばらく体が動かなかった。椅子に座ってオレンジジュースを飲み、フルーツを頬張って休んだら、少し元気が戻ってきた。しかし、食べ終わってもまだリフトが動いている？　営業時間がすぎているのに……なぜ？　チケット売り場の人は、最終は16時30分といっていた。看板にもそう書いてある。そのせいで大変な思いをしたじゃない！と文句をいいたくともカウンターはすでに閉まっていた。頭にきたせいでさらに元気になった。部屋に戻りシャワーを浴びて、夜はイタリアンを食べに行った。

エヴェレスト、1回目の挑戦

2019年4月8日

世界最高峰を目指し、ドーハ経由でネパールの首都カトマンズへ飛んだ。今回のエヴェレスト挑戦メンバー全員がホテルに集合してチェックイン。今回も隊長は倉岡さんだ。

カトマンズ滞在中に一番大事なことは、中国への入国ビザを取得すること。それまでは町を散策する毎日となる。タメル地区は迷路のように店や市場が軒を連ね、通りには人がひしめき合っている。とても活気に満ちているが、人の流れにバイクや自転車が入ってきて排気ガスと埃が舞い、マスクが欠かせない。電柱には電線が綿飴のように絡み合っていて、停電も多い。ネパール最古のスワヤンブナート寺院を訪れた。タルチョ*と呼ばれる旗が空にたくさんはためいていて、その数に驚かされる。カトマンズの標高は1400m、その丘にあるこのお寺の石段を登ると少し息が切れ、高所順応を兼ねたよい運動になる。

この町には世界遺産に登録されたところが他にもあるが、私の散策はこれくらいに。たまに食事を抜いたりして、体調を崩さないようにホテルでおとなしくすごしていたい。最終日は食事以外、外へ出かけないでホテルでのんびりパッキング。そしてビザが下りたので明日はラサへ飛ぶ。

2019年4月13日

カトマンズ空港からエアチャイナでチベットへ。荷物は一人一つだけ預け、手荷物を一つ持って乗る。他のダッフルバッグは陸送であとからホテルに届けられる。空港には現地ガイドと運転手さんが迎えに来てい

＊タルチョ　チベット仏教由来のお経が印刷された旗。青・白・赤・緑・黄の5色で、それぞれ空・雲・火・水・土を表す。旗が風にはためくたびに読経したことになると信じられている。

カトマンズのタメル地区。迷路のように店が軒を連ねる。

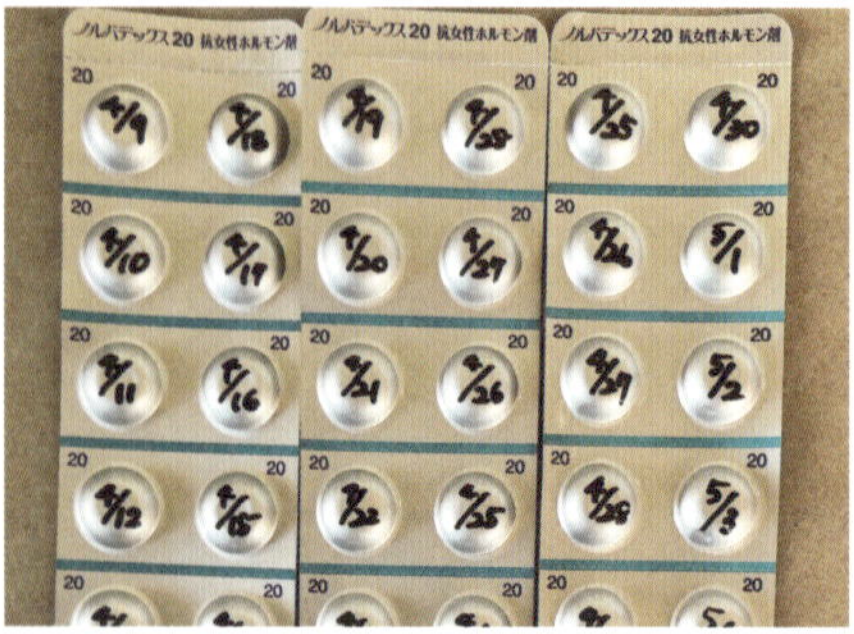

治療薬が、エヴェレストの日めくりカレンダーがわり。

タルチョがはためく荘厳な景色。

ダク・イェルパ。岩肌に建物が張り付くように建っている。

雰囲気のよいロビーと広い客室のホテルに一同感激。

た。歓迎の印に白いスカーフを巻かれ挨拶を交わして車に乗った。寝不足なのか、標高に反応してか、あくびが止まらず睡魔に襲われ、気がつくと寝落ちしていた。空気が乾燥し、少し酸素が薄く感じる。

ホテルで案内された部屋がとても広い。約20畳の居間にキングサイズベッドが置かれ、素敵な書斎もある。バスルームにはバスタブが置かれ、シャワーとトイレも独立。広すぎてこれは何かの間違いかと思った。だからみんなに黙っていた方がよいと考えたが、結局みんな同じグレードで、凄いよね！と喜び合った。

次の日は町で両替の人を車に呼び、人民元に交換してもらった。銀行よりもレートがよいそうだが、なんだか怪しい取引をしているような感じだ。高所順応のため世界遺産ポタラ宮とジョカン寺へ行くと、多くの僧侶と信者が目についた。立っては全身を地に伏す五体投地を繰り返す信者もいる。私にはとてもできそうにない。そもそも標高約３８００ｍでは、急いで歩かないようにするのがせいぜいだ。

余談。コーヒーショップで、店員といい争いになった男性客が外へ飛び出し、鉄パイプを持って再び乱入。パンの棚をぶちまけて暴れているのを、レジ係の女性が制した。チベットの女性はとても勇敢。

２０１９年４月15日

チベット滞在３日目。なんとなく胃が痛いので朝食を抜いた。食べすぎが原因だと思う。今日の観光兼高所順応は、ラサ郊外のダク・イェルパへ。断崖絶壁を見上げると、岩肌に建物が点在していた。洞窟を利用して建造されたお寺で、修行の場だそうだ。ガイドのクサンは信者でとても熱心に祈りを捧げたり何かを唱えたりしている。ここに来られたことが嬉しくて、とても張りきっているように見えた。ところどころでハーブを燃やす儀式があり、タイムのような香りが頭をクリアにしてくれる。その動作が楽しくて、私もすっかり得意になった。この日は境内を巡り歩きながら４５００ｍぐらいまで登ってホテルに戻った。

余談。チベットには色々な場所に公衆便所がある。外から見ると立派な建物だが、給水排水設備も浄化槽もない。トイレは扉のない仕切り壁があるけれど下に溝が配されているだけで、すべてがそのままにされている。地元の人は慣れているのか、しゃがみスマホで用を足しているが、私たちにはかなりの覚悟が要る。

2019年4月16日

ラサから西へ200㎞、車で6時間かけてチベット第二の都市シガツェへやって来た。町へ入るまでに検問が2ヶ所あり、町での最終的な登山許可申請にはとても時間がかかった。担当者は新システムの使い方がわからず入力手続きに時間がかかり、クサンのチベット語と担当者の中国語をお互い理解できなかったという。夕食はレストランへ。メニューがまったく読めない。そして、激辛料理が多い。辛い料理は嫌いではないが、やはりお腹を守りたい。原因不明でお腹を下している人もいるので、大皿料理の直箸禁止を提案した。

2019年4月17日

朝晩の太陽がない時間は寒い。ホテルは写真映えのする色使いとデコレーションだけど、備え付けの棚などはぐらついたりして気をつけないといけない。エレベーターやレストランはタバコ臭くて、昔の日本を思い出しながらこの国の今を感じた。

朝食はお粥に野菜料理が数種類あり、パンとコーヒーだけとならずに嬉しい。今日の高所順応もお寺観光。タシルンポ寺の巡礼路を歩いていると、通りにはさまざまな動物が居着いていた。人には慣れているのだが、子連れの母ヤギにはかなり睨まれて、いつでも飛びかかるわよ、という勢いで見下ろされた。

お寺の中では大勢の僧侶が掃除をし、大量のお賽銭を数えていた。ある若い僧侶がお賽銭を袖の下に入れるのが見えた⁉　今はお賽銭のすべてを政府が管理して僧侶さんは給料制になったと聞く。みんなスマホも持っていて、これはどこへ行っても変わらない光景である。

本日の最高到達標高は３９００ｍ。昼食では昨夜宣言した直箸禁止令がすぐに破られたので、おいしそうな鍋料理は諦めて、私は水餃子だけにした。部屋に戻り、クッキーなどを食べて夕方まで凌ぎながら、窓の外に向かって怒りをぶつけた。ホテルのダイニングはとても高いから夕食も外の店へ。お昼ご飯の一件があったあとだからヤキモキした気持ちでいたけれど、この店は観光客向けで、それぞれの皿に取り分けて出してくれて、ようやく安心して食べることができた。少し左耳前が痛い。軽い三叉神経痛みたい。きっと直箸ショックのストレスだろう。

２０１９年4月18日

シガツェの町から4時間30分ほどの車移動でシガールの町についた。上がる標高に体を慣らすため、道中こまめに水分を摂る。立ち寄るトイレは標高に比例してチャレンジ度が上がる。ドアや水がないのは当たり前で仕切りが少しでもあればラッキー。外から見えるところもある。可能であれば道で済ませたい。

ギャッツオー・ラという峠で５２５０ｍに到達して、しばらく滞在。そしてそこのトイレは旅中の最大級の乱れっぷり。とにかくここで用を足して欲しいという願いからなのか、建物は立派。しかし一歩中に入ると、声をあげて外へ避難。神様お許しくださいと建物裏に回るしかなかった。こういう時は本当に男性が羨ましい。

ホテルの周りには何もない。砂埃が舞うだけで人影もない。部屋のシャワーは朝8時30分と19時のみお湯が出る。どういう給湯システムかわからないから、お湯が出たら、なくなる前にさっさと済ませる。ネット環境もなく、今回初めてシムを入れ替えて接続した。中国国内での通信にはさまざまな制限があるので、違う国のシムを入れてチベットをカバーするタイプを使った。

休憩で立ち寄ったヤルツァンポ川沿い。ラサ・シガツェ鉄道の鉄橋が見えるが、列車は１日１本なので見られなかった。

シガツェの町を一望する。

チベットのレストラン。激辛料理が多い。

道を塞いで歩くヤクの後ろをのんびり走る。ベルと房のような色鮮やかな耳飾りが揺れていた。

直箸禁止令が破られたため、ランチは水餃子のみ。

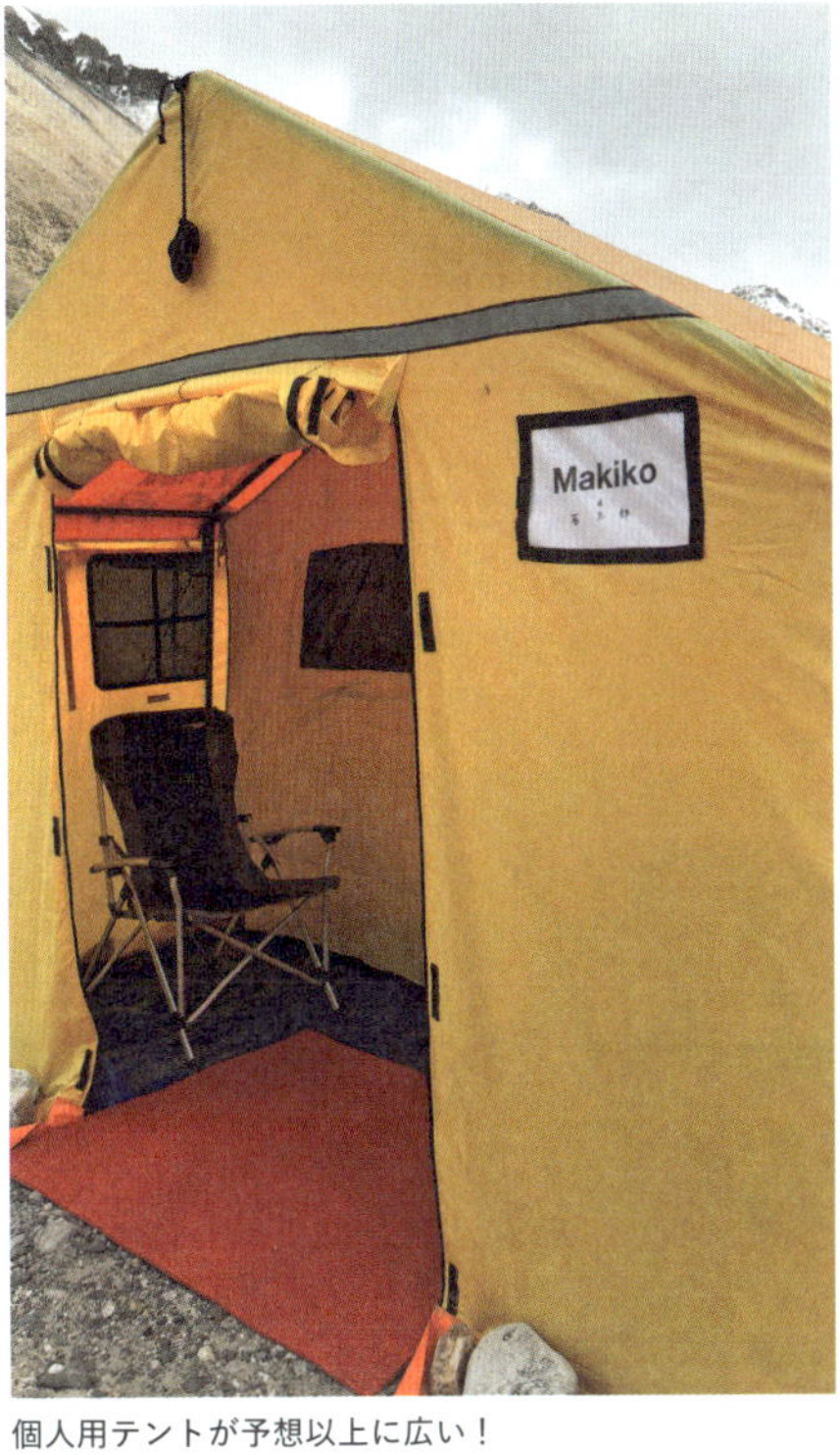

個人用テントが予想以上に広い！

標高に比例して、トイレのチャレンジ度も上がる。建物は立派だが中は……。

ホテル近くの山を歩いて高度順応。

２０１９年４月19日

シガールの町２日目。岩の寺へ順応に行く予定だったが、許可申請が下りていないので行けなくなった。ここでは訪問する場所には必ず許可証が要る。だからホテル近くの山へ歩きに行くことになった。柵の壊れた所をくぐって山に入るのはなんだか悪いことをしているような気になるが、ここは許可が要らないらしい。穏やかな風の中をゆっくりと歩き徐々に高度を上げていった。それでも登り道ではそれなりに息が苦しくなる。高所順応は人とは比べられないし、今がよくても、その後はわからない。最初に頑張りすぎて体が疲れることは避けたい。人間は高所へ行くほど、回復力も判断力も下がる。私たちのチームは焦らずにゆっくりすることに頑張っていた。時間をたっぷり使って、大体４５００ｍ位のところで引き返した。

昼食は車で町へ。取り箸の習慣がだいぶ浸透したので、何よりもそれが嬉しかった。夕食はホテルのバフェ。そしてこの夜は、髪が乾くまでヘアドライヤーが使えた。

２０１９年４月20日

２泊３日滞在したシガールを出てベースキャンプへ向かう。国立公園入り口のチェックポイントで書類を提出してパンラ峠（５１５０ｍ）を抜ける。つづら折りの道を進むと、標高はどんどん上がっていった。村をすぎると人の姿はなく、ヤクが道を塞ぐ。彼らにはこれから大変お世話になる。道が空くまで彼らの後ろをゆっくりと走る。車で入るから、ベースキャンプに呆気なく着いた。

ここでガイドの２人とはお別れ。クサンは子供時代の話を聞かせてくれて大切な時間を共有してきたけれど、きっともう会うことはないだろう。一期一会とはこういうことかと寂しい気持ちになった。

私たちの登山はこれからが本番になる。気持ちを切り替えて挑まなくてはならない。個人用テントが広い。トイレの場所やキッチン、ダイニングを見て感動し、コーヒータイム。しかし粉ミルクの缶を開けた瞬間、中身が飛び出した！　気圧が低いから缶類を開けるには注意が必要。これからしばらくはゆっくり行動して、まずベースキャンプの標高（５１５０ｍ）に体を慣らすことに努めたい。

２０１９年4月21日

太陽が昇ると必然的に目が覚める。７時30分に「グッド・モーニング！」の声とともにお湯の入った洗面器がテント前室に運ばれて、それがここでのウェイクアップコールになる。こちらも挨拶を返して寝袋から這い出し、お湯で顔や手などを洗うととてもすっきりして気持ちがいい。

夜は酸素を鼻につけて寝たから、呼吸のたびに受ける鼻の中の刺激とその音によく眠ることができなかった。起きている時の酸素飽和度は90前後で悪くはないが、動くと息は苦しくなる。

今日は風が強い。ダイニングルームで朝食を食べたら特にやることはないが、メンバーのみんなと話したり食べたりしているだけで一日はあっという間。夕食後にそれぞれのテントに戻ると20時30分くらいから眠くなる。なんとか22時くらいまで頑張って起きて寝袋に入った。２日目の夜は前日よりもよく眠れた。

２０１９年4月22日

外では他の隊が上のキャンプへ出かけるようで、早い時間から準備に追われていた。私たちはベースキャンプを10時頃出発して１２０ｍほど上がったところまで散歩に出かけた。早いうちは太陽が出ていたけれど、歩き出す頃に薄曇となり、小雪が舞う中クランポンを付けてゆっくりと動いた。

散歩後、シャワーに入ってみた。お湯がたっぷり出ると説明されたが、シャンプーの途中で水になった。寒いので部屋のヒーターで髪を乾かす。今後は暖かい日にシャワーにしようと思う。雪は夜まで降っていた。

夕食はあまり食べられなかったが、たくさん食べると消化にエネルギーを取られて血中酸素濃度が下がるの

自由行動の日はベースキャンプ内を散歩。

ロシア隊の充実したダイニング＆キッチンテント。

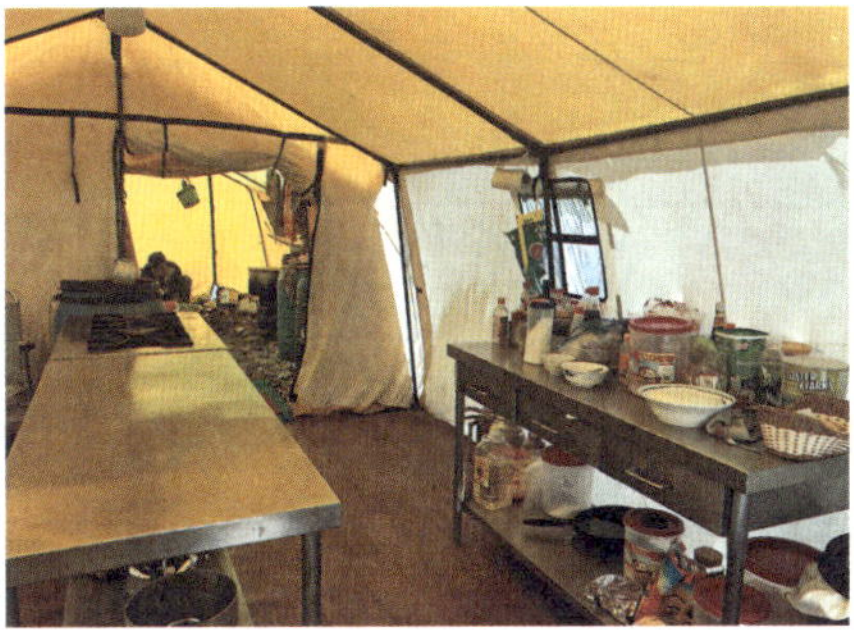
ベースキャンプのキッチンテント。

うっすらと雪が積もった朝、空の先に、エヴェレストの山頂が見えた。

「カツオブシ」が通じる現地シェフが作ってくれる食事。お味噌汁付き。

でこれくらいでよいだろう。19時からヨーロッパチームと合同で登頂ルートなどの説明会があった。スライドを見ながら、改めて大変なところへ来てしまったと実感した。

2019年4月23日

朝起きると腰が痛い。硬いマットの上に寝袋で寝ているから仕方がない。今日は自由行動の日。朝食を済ませて散歩に行くことにした。ベースキャンプの一番奥にロシア隊のテントサイトがある。個人用テントは私たちの3倍の大きさ。人影がなく、しばらくウロウロしているとシェルパ*さんに声をかけられてテント内を見せてもらった。厨房の規模が違う。専属のシェフがいて大鍋で出汁を煮込みながら、デザートの生地をこねていた。私たちの設備も何も不足はないが、こちらはさらにすべてが本格的だ。ダイニングの雰囲気やバーの飲み物の多さにも驚かされる。お土産にコーラをもらった。今夜は酸素吸入なしで眠ってみる。

2019年4月24日

朝起きるとうっすらと雪が積もっていた。澄み渡る空の先に目指す山頂がすっきりと見える。午後からアッセンダートレーニングへ。標高5450mの岩場に張られたフィックスロープを登って、トラバースして、懸垂下降*をする。荷物は背負わず、アルパイン*岩登りを練習。最初の岩に取り付くのも難しくて変な力を使ってしまい、さらに息が苦しくなった。体が重くて動作が悪い。1周してぐったりした。2周目で無になって、3周目で疲れ果てた。登り方には慣れたが不安になる。行き帰りと練習で3時間ほど。ベースキャンプに戻ると少し頭がキュッとなるので酸素を30分吸ったら楽になった。時間はたっぷりあるのに、何かをしようとすると億劫になる。今日の努力は爪を切って、眉を整えること。張り切らないとできないのが不思議だ。

＊シェルパ　ネパールの少数民族で、ヒマラヤの登山ガイドや荷役などを務める。
＊懸垂下降　ロープを使って高所から下降する方法。
＊アルパイン　ロープを必要とするクライミング。

２０１9年4月25日

イギリスチームがラグビーをしている。彼らはラグビー標高のギネス記録に挑戦するそうだ。今日の私の挑戦はシャワー。バケツからお湯をくんで水差しを使って髪を洗う。このやり方がいいみたい。自分なりの洗髪方法が見つかり、気持ちもリフレッシュ。何をするわけでもなく一日が終わる。今日のニュース。ヨーロッパ隊のリーダー、アンドレアスが遊びに来てコーヒー豆を挽き、それを倉岡隊長が淹れてくれた。

２０１9年4月26日

翌日は順応トレッキング。シェルパのミンマと近くのピナクルという岩峰を目指してゆっくり歩いた。標高が上がり急斜面になると、浮き石が増えて非常に歩きにくい。ハラハラしながら５６００m程度まで登った。移動中に見えるエヴェレストの山はとてもくっきりと青空に映えて、それがいつもよりとても大きく見えた。

遅めのお昼を食べて、食後はまた休息。毎日こんなにゆっくりとすごすのは、日常ではあまりない経験。ここにいることで高所に体が慣れていくのだから、何もしないことが、やっていることになる。

２０１9年4月27日

今日は休息日。明日、アドバンストベースキャンプに向けて出発する。１週間分の荷物を作ってヤクに運んでもらう準備。これには何度やっても時間がかかってしまう。キッチンテントへ行き、行動中に食べるおにぎりの具材をリクエストした。鰹節を英語で懸命に説明しても伝わらなくて「鰹節ってなんていえばいいんだろう?」とつぶやくとカツオブシ!で通じた。そして今日の事件は女子トイレ（小用）の穴が決壊した。

２０１９年4月28日

今日は朝方に熟睡できた。シェルパさんたちはヤクに載せる荷物を計量するなど出発準備に追われて慌ただしい雰囲気。今日はアドバンストベースキャンプの手前にある中間キャンプ（５８００ｍ）へ向かう。私たちはサボりがちなヤクに何度も道を譲りながらゆっくり歩き、休憩中にヨーロッパチームにも抜かれた。多めの休憩を取りながら7時間半歩いた。中間キャンプに着くと安堵とともに疲れが押し寄せる。歩いた距離は10㎞だが、もっと長く感じた。個人テントは立ち上がれない普通のテントで、狭く感じる。ダイニングテントも今までより狭くなり、ヨーロッパチームと共同使用。私は疲れてお茶を飲んでぼーっとすることしかできないけれど、シェルパさんたちはあとから出発しても先に着いて食事の準備をしてくれる。

1泊して明日はいよいよアドバンストベースキャンプへ入る。今日よりももっと大変だという。時間もさらに長くかかるという。無事に到着することを願うばかりだ。

２０１９年4月29日

早朝、テントの近くで寝ているヤクの鳴き声で起こされた。8時少し前に出発。今日もゆっくり歩き。いきなり始まる斜面に脚がなんとなく重く、歩くとどことなく頭が締め付けられる。休むと楽になり、動くとまた頭が重たい。遠くに見える山頂を見て気持ちを引き締め、とにかく歩く。休憩が嬉しくて、それ以外はつらさが増していった。周りの景色が凄い。でもそれを楽しむ気持ちの余裕はなかった。

登頂した人たちってすごいなぁ。急に今まで以上の尊敬の思いが起こった。時間や距離の感覚がつかめなくなり、涙が出たり、イライラしたりと精神的に揺らぐ。とにかく呼吸をしっかり、足を前に置く。それだけを繰り返せばいいのだ。日本で応援してくれている方々の顔も浮かび、少し力が湧いた。

先に荷物を運び終えて戻るヤクとすれ違う。本当にありがとう。しばらく歩くと私たちのシェルパさんが

景色が凄い。でも楽しむ余裕がなかった。

ベースキャンプから中間キャンプまでの10kmの道のりは、もっと長く感じた。

ダイニングテントには椅子があるので居心地がよい。

中間キャンプ。ベースキャンプよりもテントが小さくなった。

故障した充電器が直った！

中間キャンプを出発するヤク。テントのすぐ隣で休んでいた。

笑顔でこちらに向かって来るのが見えた。ミルクティーが入った水筒とスナックを持って来てくれたのだ。とってもおいしくて嬉しくて泣きそうになった。

約8時間歩き、ようやくアドバンストベースキャンプに着いた。放心状態で休んでいると、インスタントラーメンが出された。これはいつも大変な日のあとに出てくるのだとわかった。

2019年4月30日

今日は日本では休日で、平成最後の日。標高6400mに泊まる初めての夜はよく眠れなかったが、体調はまあまあ。できる限りゆっくり動き、呼吸をたくさんしないとテントから這い出るだけで息が切れる。ダイニングテントまでの距離は30mくらいなのに、歩くと全力疾走した感じになる。

椅子にただ座っているだけでも腰、背中、頬、脚が痺れる。標高に体を慣らすのに気合や頑張りはあまり効かないから、時間と体調と運に任せるしかない。とにかく水分を摂り続けてダイニングテントから50m離れたトイレに行く。動くと苦しく気も重くなるので「よし！　トイレに行くぞ！」と気合が必要。トイレテント入り口のジッパー開閉も億劫になる。あータッションができたらもっと気軽になれるのに。

20時になったら歯を磨き、個人テントに戻った。凍らせたくないものをすべて寝袋に突っ込んで眠った。

2019年5月1日

よく眠れた。この標高で眠るのは、体調がどうなるかわからないから正直なところ怖い。体の痺れが昨日よりもなくなり、少しは順応しているのだと思えた。今日は風がとても強い。そんな中、シェルパさんは上のキャンプ1へ荷上げに出かけた。本当にありがたい。

今日は休息日。だから髪の毛を洗うことにした。洗面器に熱めのお湯をもらい、雪を混ぜて冷ましながら水量を増やして洗った。しゃがみ洗いは体勢が苦しいが、８リッターぐらいで洗えてとてもスッキリした。

ただ食べて寝ての生活なのに余裕がなくて、他人のことは気にしていられない。チームで一緒にいて不快でつらいのは音。咳払いの〝ン、ン〟、鼻鳴らしの〝ズンゴォ〟に咀嚼の〝クッチャ〟と啜《すす》りの〝ズール〟。気にし始めるとどんどん気になるけれど、それらがどうでもよくなってきた。食べる時の音は気になって仕方がないが、マナー教室に来ているわけではない、登りに来ているのだと自分にいい聞かせた。アウトドアの限定された生活環境で家族よりも長い時間をともにしていれば誰も気取っていられないし、それを気にしてストレスを感じる方がここでは敗者となる。それにしても風が強い。こういう時には自分が今大自然に身を置いているのだと思い知らされる。今日の嬉しいことは、充電器が直ったことだ。

２０１９年５月２日

風が少しおさまったのでクランポンポイントまで順応しに行くことになった。キャンプサイトを抜けると奥には中国隊とロシア隊のキャンプがあった。ここでもロシア隊のキャンプはとても立派。歩いていると頭がキュンキュンとなる。立ち止まれば楽になり、歩き出すと苦しくなる。これを繰り返してポツポツと進んだ。頭を上げ前方を見るとノースコル*に向かう人の列が見えた。クランポンポイントは、各隊がクランポンなどを樽に入れて置いておくところ。この地点までは使わないので、無駄に荷物を重くしないために一時的に保管しておく。休憩して、もう少し先まで歩くことにした。アドバンストベースキャンプから標高２００ｍ上がった６６００ｍのあたりで引き返す。ノースコルのさらに上を見上げると山頂付近に強い風が吹いているのが見えた。目指すところはまだまだ先、ずっとずーっと上なんだと思い知らされた。キャンプに戻ると13時になっていた。３時間半の順応トレッキングを終えてゆっくりお昼を食べた。スープとパスタがとてもおいしくて体がホッとした。天気も落ち着いてきて、食後に自分のテントで休んでいたら緊張が緩んだのか、何

*ノースコル　エヴェレストの付属峰チャンツェにあるコル。

故か涙がこぼれてきた。理由はわからないけれど、そうしたらふぅーっと気持ちがスッキリした。

2019年5月3日

風は相変わらず止まない。今日はヨーロッパ隊と一緒に安全祈願のプジャ*を行う。いつも食事を運んでくれるシェルパさんの一人が僧侶だと知る。時に子守唄のようにもなったりするお経を聞き、シェルパさんたちが火のついた祭壇へお米を投げるのを見届けた。次に小麦粉をお互いの顔になすりつける儀式のあと、杯を交わした。最後に一人ずつ呼ばれ、祓い言葉を受けながら首に赤い糸をかけて結んでもらう。その後シェルパさんたちは肩を組み、半円状になって歌い踊り始めた。輪に入り一緒に踊る人も多かったが、テント内が暑く、見ているだけで汗ばんできた。頭痛がしてきたので途中で外へ出て体を冷やす。プジャを重んじるシェルパさんたちと、みんなの笑顔。とにかく今後の山行が安全でありますようにと目を閉じて祈った。

すべてが終わると、今日はもうやることはない。いつも通り食べて休む。プジャで体調が悪くなり、最高峰に挑むための祈願すらこんなに大変なのかと考えさせられたが、体が軽く、標高に慣れてきたように思えた。

2019年5月4日

昨夜は一晩中雪がテントを打つ音が聞こえた。酸素を吸わずに寝る夜はまだ苦しく、朝はすっきりしない。10㎝以上の積雪で景色がガラリと変わった。天気が崩れたが下山せず、順応トレッキングへ。

今日は、前回よりも高く遠いところまで、クランポンをつけて歩く。傾斜が始まると、高所での動きの変化に体が慣れず、少し動くだけでも息が苦しい。他のメンバーは苦しそうには見えず、元気に動いていた。

キャンプに戻ると全身が重く、今までに経験したことがない感覚。服や靴を脱ぐのも、飲み物を作ることもできない。ただ座って呼吸するだけ。動けない。食欲もない。身の回りの物も自分で運べず、シェルパさ

＊プジャ　ヒンドゥー教の祈りの儀式。

ヨーロッパ隊と一緒にプジャを行った。

一人ずつ、赤い糸をかけて端を結んでもらう。

んに運んでもらった。横になると朝まであまり目が覚めずに眠れて、次の朝には少し元気を取り戻した。

2019年5月5日

高所順応を終えてベースキャンプに戻る日。朝食後に荷物をまとめるが、息が苦しく倉岡隊長に手伝ってもらう。広大な景色の中にいると、歩いているのにやっぱり距離が縮まった感じがしない。気晴らしにスマホから音楽を鳴らしてみたら少し気持ちが上向き、体もちょっと楽に感じた。標高が下がれば楽になるだろうと思っていたのに、残りの道のりは歩く分だけ疲労がたまっていくようだった。ベースキャンプの端に着いた頃には脚が棒のようになっていた。約20㎞の道のりはとても長くて遠かった。高所順応に行っている間にダイニングテントが大きい部屋に変わり、とても嬉しい。ベースキャンプに戻れたことにひとまず安心。しかし疲れすぎた体で、色々なことができない状態になっていた。

2019年5月6日

ベースキャンプでの一夜が明けた。熟睡できなかったけれど、体は少し元気を取り戻した気がする。ここはこんなに平らだったのか？　とても歩きやすい。個人テントとダイニングテントを早歩きで往復しても息が楽だ。どうやら体が高所に慣れてきたようだ。気がかりは消化機能で、食事のたびにお腹が下る。

1週間ほどのアドバンストベースキャンプ生活はきついことの方が多かった。距離も遠い。動けば動くほど息が苦しく、疲れが積み重なった。だからこの先のことにいいイメージを抱くことができない。気力や気合を含め、ここへ来るために積み上げたことさえも今はたやすく失いそうだ。頑張りとか努力とは別の次元で、酸素が薄い高所では何もできない。疲労がどんなことよりも上回り、自分の無力さだけが込み上げてきた。このままの流れですべてを戻されたくはない。しかし疲れすぎている。

２０１９年5月7日

昨夜は21時すぎまでどこかのチームから大きな音楽が聞こえていた。体が高度に順応しているのか、夜間にトイレに起きる回数が減った。何もしていなくてもお腹だけはよく空いたが、すぐに下ってしまう。シャワー給湯器が新しいものに変わっても浴びると寒い。結局バケツのお湯で髪の毛だけ洗うやり方に戻る。

下山中のことを今日も頭の中で振り返っていた。歩いている時は呼吸するだけで喉が極度に乾き、上と下が張り付いた。飴を舐めると大丈夫になるが、舐めていないと咳が出て違う苦しさが加わった。

テント生活では毎日鼻が詰まり、苦しくて眠ることもできない。生理食塩水を鼻の中に吹きかけてかむと血液混じりの大きな塊が出る。唇に何も塗らないとピキッと切れ、コンタクトレンズが乾燥で曇った。親指の爪の脇が切れて突き刺さる痛みに悩み、猛烈な乾燥状態であれやこれやと痛い。保湿するしかない。

２０１９年5月8日

ベースキャンプに戻り4日目。山頂を見ると風が強く吹いている。だいぶ体は休まった。ただ気力の方はイマイチで、やる気が湧いてくる感じではない。

吐いている人がいる。原因はわからないが、強靭な彼らのこと、高所の影響でないことは確かだ。トイレも最近はお腹が下っている人が多いのか、汚れが目立つ。空気が乾燥し、水は川から引いているのだから、感染症のコントロールは難しい。食事は大皿に盛られて運ばれてくるが、料理の上で喋ったり、咳をしたりする人がいることが気になってならない。今でいう飛沫が入りまくる状態だ。現在では周知されているが、この時は一般的には理解されにくかった。私一人が必死になったところで、ただのうるさい潔癖症だと思われるだけ。衛生管理の解決策は、悩んだ挙句、誰よりも早く料理を取りに行くことしか思いつかなかった。

10cm以上の積雪で、アドバンストベースキャンプの景色がガラリと変わった。撮影／倉岡裕之

朝食後、山の中腹にある尼寺に向かった。ここでの暮らしを思う。

ベースキャンプに戻ると、ダイニングテントが大きなものに変わっていた。

小雪まじりの風で山全体が隠れてしまった。撮影／倉岡裕之

〝お偉いさん〟の視察を前に、急ピッチでゴミ収集が行われた。

数週間で景色がかなり変わった。氷を踏み抜き、沢に落ちることもあった。

そんなこんなで、何もしなくても悩みが尽きない。準備はすべて終わった。あとは天気とコンディション次第。登頂した知り合いに連絡を取ると、2回目のアドバンストベースキャンプは楽になるという。あんなにつらくて遠いのに、そんなことがあるのだろうか？　騙されることにしよう。

2019年5月9日

やっとしっかり眠れ、お腹も落ち着いてきた。今日は近くの尼寺へ。ベースキャンプからほぼ平坦な道のりを1時間ほど歩く。お寺は山の中腹にあり、長い階段を登ると息が切れる。まだ高所に順応していないのかと不安がよぎる。尼僧の方々は不在でお会いすることはできなかったが、ジュースとお賽銭を供えた。

キャンプ地に戻るとトイレやシャワーブースが移動されていた。中国のお偉いさん方が視察に来るため、川の近くにトイレやらを置かず、環境に配慮しているところを見せるためだという。そういえば散歩途中でもあたりに落ちているゴミなどをトラックで拾い集めていて、周辺も慌ただしい様子になっていた。

夜はロシア隊のパーティへのお誘いがあった。でも私は行かないことにした。まだ山だって登っていない。今は何よりも自分に集中することと、体調を崩さないことに専念したい。

2019年5月10日

今日も休息日。昨夜はパーティの音楽が遅くまで鳴り響いていた。ロシア隊のキャンプエリアは少し離れた場所にあるのに、近くにいるようによく聞こえてきた。

特にやることがないと、頭の中で色々考える。登頂するってどんな感じだろう？　終わったら何をしよう？　それにしても人の癖が気になって戸惑わされてしまう。ダメ、ダメ、ダメ！　登ることだけを考えよう。

２０１９年５月11日

今日はシガツェの町へ行く予定だったが、車の準備ができておらず、行かれなくなった。チベットでの行動には、許可証を持った運転手さんが必要。とても楽しみにしていたので、ひどくがっかりした。

２０１９年５月12日

近くの沢歩きに出かけた。ここは最初のベースキャンプ入り翌々日の4月22日に散歩したところ。その時はまだ沢のほとんどが凍っていたが、今は薄氷。数週間で変わったのは景色だけではなく、私たちの歩行ペースも上がり、同じように動いていても以前よりも楽にもっと高いところまで行けるようになった。数日間キャンプエリア内にいたので、体を動かすのが楽しい。体調は悪くないが、鼻の中が切れて、血液混じりの痰が出る。登頂日は今日も決まらない。何がどうあれ、最後はメンタルが決め手になるだろう。

２０１９年５月13日

昨夜は夜中に鼻詰まりがひどく何度も目が覚めた。あまりにも苦しいので酸素を吸いながら寝た。朝から曇りで肌寒く、読書してお茶を飲む以外は何もしない。風が吹き始めると小雪混じりになって山がすべて隠れてしまった。気分もなんとなくどよんとする。そんな時に家族から猫の動画が送られてきた。とても気持ちが和み、何度も再生した。日本からのビデオ通話で、応援隊の方々とも話ができた。日本のみなさんの顔を見られたことで気を持ち直し、登頂日を見据える。25日ぐらいだろうか？

２０１９年５月14日

昨夜は鼻詰まりがなくて一安心。何度も目は覚めたけれど、体調はそこそこで悪くはない。今日もゆっく

なぜか登頂直前にやってきたトイレ用の緑のボトル。

ヤクが寝ていた雪原に川が現れた。

登頂に向けてベースキャンプを出発し、中間キャンプで１泊した。撮影／AKKY

中間キャンプの朝。太陽の光で目が覚めた。撮影／AKKY

アドバンストベースキャンプに向かう。前回よりも歩きやすい。撮影／AKKY

りすごして夕食はヨーロッパ隊と日本食会をすることになった。私たちのシェフは和食をメインに作ってくれる。行動食には梅干しとおかかのおにぎり、食事にはわかめの味噌汁なども出てくる。味噌汁は大好物だからとても嬉しい。わかめがかなり大きくて食べにくいけれどそれはご愛嬌。食事会では日頃のメニューから私たちが選び、揚げ餃子、太巻き、天ぷら、蕎麦などをお願いした。味を気に入ってくれたかはわからないけれど、みんなが箸を持って食べている姿はとても和やかだった。食後はアコーディオンの演奏で、スイスや日本の歌を歌った。同じ場と時を共有してお互いを知り合うことは大事だと思う。それでも大勢で食事をするのは苦手。無理に話しかけたり話題を振ったりすると自然体でいられなくなる。今日はいつもより遅く自分のテントに戻った。夜空には星がキラキラ光っていた。

2019年5月15日

特に変化のない日々がすぎている。天気待ちの休息生活はほぼ毎日同じである。テントの中が明るくなり温度が上がると目が覚め、マットでゴロゴロしていると7時ぐらいにシェルパさんが洗面器にお湯を届けてくれる。しゃがみながら顔と手を洗う。これが最高に心地よくて毎朝の喜びだ。コンタクトレンズを入れ、薬を飲んだら顔に日焼け止めを塗る。着替えというのはなく、着たまま寝てそのまま起きるだけ。靴下を履き、上着、サングラス、帽子を装着して水筒を携えダイニングテントへ。チームのみなさんと挨拶し朝食をいただく。コーヒーを飲みながら、今日は何をするか、何もしないか、山のコンディションや天気のこと、今後の予定などを話す。山頂を見ると変わらず風が強く吹いている。

結局今日も何もしない日となった。シャンプーをしよう！　可能な限り1日おきに髪を洗う。キッチンの片付けが終わる頃、シェルパさんにシャワーテントへバケツのお湯を運んでくれるようお願いした。シャンプーするだけなのに準備を含めて1時間はかかる。時間はたっぷりある。急ぐことはここにはない。

お昼はラーメンだった。これだけはあまり嬉しくない。本当は野菜スープの方が嬉しい。午後は電波が消えて通信ができなくなった。いつ復旧するかはわからない。前回は数日かかった。

2019年5月16日

雪解けが進んでいるのが目に見える。ゴロゴロしていた石の隙間から新芽が顔を出し、ヤクが寝ていた雪原には川が現れた。昨日途絶えたネット回線は24時間で戻り、今回の復帰は早い。大自然の中にある標高5150mのベースキャンプに暮らしていても、シムを使ってネットが繋がるから、タブレットやスマホを操作する毎日。時間がたっぷりあるからなおさらだ。

私たちの隊はベースキャンプでは可能な限りゆったりと豊かにすごしていた。立ち上がれる8畳ほどの個人テントに寝て、直径10m以上の共有ダイニングテントではすべておまかせ。それでも天気待ちの毎日が長引くにつれ心意気がどこかへいってしまいそうだ。今日は午前中に近くへ散歩に出かけた。渡渉するのには少し手間取ったけれど、歩きやすくて途中に見るエヴェレストが美しかった。あの頂上へ行きたい。長い天気待ちの末、18日にベースキャンプを出発することになった。登頂日は23日、24日どちらがよいかと聞かれ、それなら大安の24日がいいよね、となった。

2019年5月17日

いよいよ明日、アドバンストベースキャンプへ向けて出発する。登頂に必要な荷物のほとんどは先に上げてあるが、途中で1泊する中間キャンプで使用するものや薬をまとめ、その他諸々を再確認していたらなんだか落ち着かない気分になった。前回は本当に疲れた。さらにそこから先へ登るなんてできるのだろうか？

天気待ちの間はいつになったら行けるのかとやきもきしていたが、いざ出発となると今度は猛烈な不安で頭がいっぱい。２回目は楽になるという友人の言葉を信じて、行けるところまで行く。ただそれだけ。

そしてこのタイミングでやってきた緑のボトル。トイレ用だというけど、今更どうするの？

２０１９年５月18日

昨夜も風が強く、早めに横になってもなかなか寝付けなかった。友人からもらったお守りを握り締めて出発の最後の準備にかかった。情報によると、未だに今後の天気がはっきりしないという。10時すぎにベースキャンプを出発した。遠いことはわかっている。だからそのことは考えず足を前に進めていこう。

最初は特にゆっくりの歩みで始まった。呼吸を乱さず、最小限のエネルギーで疲れないように歩く。見覚えのある景色を見ながら進むと、確かに前よりも苦しくない。休憩も少なくても大丈夫だ。荷物運びのヤクにはいつも追い越されていたけれど、今回は追いついたりもした。そんなことで気持ちが楽になった。

前回向かったのは４月28日、それから２週間以上が経った。中間キャンプまで６時間かからずに到着。体が高所に順応しているようで、前回に比べると嘘のように苦しさがない。

今回もダイニングテントはヨーロッパ隊と共有し、就寝用テントは早い者勝ちで選ぶ。トイレブースは１ヶ所で、大きめの岩穴に落とすように使用する。ここはあくまでも中継で１泊するところ、食べて寝るだけの場所である。24日の登頂予定はまだ確定しない。明日はアドバンストベースキャンプへ向かう。

２０１９年５月19日

太陽の光で目が覚めた。テントのすぐ脇には一緒に旅する仲間、ヤクも寝ている。力持ちで働き者だけどブルブルとちょっとうるさい。メンバーに同じように鼻を鳴らす人がいて気になって仕方がなかったが、ヤクと同じだと思った時に（ごめんなさい）苛立ちが消えた。優雅に山行しているとはいえ、知らない地で過酷な自然環境に身を置いていると、楽しくすごしているようでもストレスにさらされている。だから些細なことにもとても敏感になってしまう。どうしても自分の弱い部分が前面に表れてしまい、自身で首を絞めている感じだ。仲のよい人たちといたら、きっと喧嘩してしまっていただろう。

中間キャンプを出発し、アドバンストベースキャンプへ足を進めた。前回と比べて気温は上がり、凍った斜面が減って、通れる場所も変わった。同じペースで歩き、休憩をしっかり取りながらでも、1時間以上も早い活動時間でアドバンストベースキャンプに着いた。天気の様子から、明日キャンプ1へ上がるかもしれない。少し休んでから、それに備えての荷造り。酸素マスクの使い方を教わった。レギュレーター*は思ったより重く、これに酸素ボンベが加わるから最低限の荷物でも重くなりそうだ。

今年の天気は全体的によくないそうだ。それに合わせて、準備に振り回されている。今日の空には満月。

2019年5月20日

朝食後、各チームの話し合いの末、ロシア隊やヨーロッパ隊が23日の登頂を目指して今日出発することになった。23日に人が集中しているようだが、上のキャンプ地のテントは数に限りがあり、全員が同日に登頂することはできない。日にちの決め手は天気。今のところ23日と24日がよいとなっている。私たちは、選ぶとするなら大安の24日がよいと話していたので、明日出発する。

それに備え、陽のあるうちにシャンプーした。袋に入った食料が膨れて爆発しないよう、針で穴を開ける。何度も何度も荷物を確認。午後からは少し雪が降り出した。夕方には気になっていた顎の痺れも消えて、気持ちは落ち着かないけれど、ダイニングテントでゆっくりすごすように努めた。

今シーズンはまだ山頂までフィックスロープが張られていないという。つまりまだ誰も頂上に立っていない。フィックスロープ隊を追いかけるように登る隊もいるそうだ。各チームのリーダーやシェルパさんたち

*レギュレーター　ボンベ内の酸素の減圧装置。

が山頂へ行くために情報を集め、さまざまに考えを巡らせて準備をしてくれる。だから私は考えず、ただ前に進めばいい。明日は７０００ｍを超えるキャンプ１へ！

2019年5月21日

予定通りキャンプ１へ出発することになった。天気予報に大きな変化はないようで、登頂予定日の24日は午後から風が強くなるそうだ。ここから酸素を吸って歩く。しかし歩き始めると息が苦しくて酸素なしのほうが楽だと感じた。クランポンポイントで準備して長めに休憩を取り、フィックスロープの取り付きを目指し歩き出した。この頃には苦しかった呼吸がだいぶ楽になった。

フィックスロープの取り付きから先は、シェルパさんたちが張ってくれたロープにアッセンダーをかけて登っていく。途中までは前回登っている。難しい登りではないが時々体がすごく熱くなり、汗が出る。副作用か、気温変化によるのかはわからないが、汗はかきたくない。屈んでアッセンダーのかけ替え作業をすると呼吸が乱れる。目指すキャンプ方面を見上げても、空と雲しか見えない。だんだん歩きにくくなってきた。動きも遅くなっていく。それでも歩き続け、標高７０５０ｍのキャンプ１に着いた。

2019年5月22日

昨夜はピーボトルで失敗した。特注のダウンワンピースのチャックが下まで十分になくてデバイスがうまく使えない。これは大問題である。寝袋の下に敷くエアーマットを膨らませたり畳んだりするのが非常に大変だということもわかった。標高が上がるにつれてちょっとした生活動作が一大事になってしまう。

朝食後、キャンプ２へ向けて出発した。緩やかに上る雪面の先にキャンプ地がある。途中休憩でのトイレはもう隠れるところがない。「トイレしまーす！」と声をかけ、視線を外してもらう。雪面には踏み跡があり、ゆっくり歩くと昨日よりも楽に動けた。休憩を挟みながら酸素流量を調節して順調に進んだ。

このまま辿り着けるかと思っていたのに、岩稜地帯に踏み入る頃に風がとても強くなってきた。風に押されながら体をフィックスロープにしっかり預け、岩を踏み締める。

５時間かけてキャンプ２に着いた。とにかく早くテントの中に入りたい。しかし風が強く足場が悪くて動きにくい。本来はテントに入る前にクランポンを脱ぐが、それができずテントの中に入ってから脱いだ。しばらくは呆然とバックパックにもたれ、落ち着いたら梅干しのお吸い物を飲んだ。夕食はカレー。

マスクを外して食べると頭がクラクラするので、口に物を運んだらマスクをつけて呼吸を整えながらの食事だった。19時ごろにスッとあたりが静かになり、風が収まった。このまま頂上へ行けたらいいな、余計なことは考えないで体調も天気も整うようにと願う。ヨーロッパチームは明日、私たちは明後日の登頂予定。

２０１９年５月23日

夜中に収まっていた風が日の出の頃から再び強まった。朝食を済ませても今日の行動は決まらない。ベースキャンプとの無線連絡が何度も取り交わされていた。先発隊のヨーロッパチームは登頂したが、山頂付近の混雑で身動きが取れないという。私たちは何時にキャンプ３へ出発するのか、なかなか決まらない。風は依然として強いが、明日の午前中は弱まる予報。明日山頂へ行くには、今日キャンプ３へ向かわないとならない。急きょ、12時頃の出発となった。フィックスロープに繋がると、ロープを共有する下の人に引っ張られて思うように歩けない。１時間歩いても、まだキャンプ２エリアから出られずにいた。このままのペースでは予定通りの時間にキャンプ３に辿り着けない。つまり酸素が足りなくなるということ。

倉岡隊長が、今回はここで引き返すという決断を下した。

その言葉に溜息が出るとともに、少しホッとした気持ちになった。

フィックスロープにアッセンダーをかけて登る。

標高7050mのキャンプ1から山頂を見上げると、ベースキャンプから見ていたよりもずっと大きく見えた。

下山というよりも、逃げているような気持ちで歩いた。

シェルパさんが飲み物とお菓子を持って来てくれた。撮影／青空山岳会

荒れ狂う風の中、７７５０m付近から引き返し始めた。フィックスロープがなかったら飛ばされていただろう。自分たちのテントに着いて酸素ボンベの調整や交換をしてから、キャンプ１を目指して下りる。次第に風が弱まり、視界もだんだんと開けてきた。下山しているというよりは逃げているような気持ちで歩いた。

休憩のたびにあふれる溜息は、緊張から解放された安心と、少しの心残りのものだ。キャンプ１に着くと、待機していたアメリカ隊の方がお湯を差し出してくれた。とてもおいしくて喉からすうっと体の中に染み込むように消えていった。そこからさらにアドバンストベースキャンプへ降りる。フィックスロープに腕を巻きつけて雪面を下る。脚が重たい。あたりが暗くなり始め、それでもとぼとぼと歩いていると、前方から私たちのシェルパさんが飲み物やお菓子を持って来てくれた。今までにも何度かそうしてくれた。涙が出るほど嬉しい。クランポンポイントからはヘッドライトをつけた。アドバンストベースキャンプに着いたのは21時。テントで靴を脱ぐとそのまま椅子に座り込み、しばらくはぼーっとしかできなかった。

２０１９年5月24日

今日は山頂に行っていたかもしれない日。無線で色々な情報が入り、ヨーロッパ隊は全員登頂したが、１名が下山中に亡くなったと知らされた。渋滞があり数時間動けなかったことなど、山頂付近での大変な事態を聞いた。隊長が下した〝今回は引き返す〟という判断は間違いなく正しかったことを再確認した。アドバンストベースキャンプには2泊。早く戻りたい気持ちはあったけれど、ベースキャンプまでの道のりは長い。少しでも疲れを取っておきたい。

２０１９年5月25日

まだ疲れが残っている。大きな荷物のほとんどはシェルパさんとヤクがベースキャンプまで下ろしてくれる。なるべく減らした荷物でも結構量があり、歩くだけでも大変だ。酸素を吸いながら歩くとかなり楽だが、後半には疲れが出てきた。一昨日は大腿部の筋肉痛があり、今日は向こう脛の筋肉痛。途中の中間キャンプではもうテントなどが撤収されていた。つまり今季再び登頂を試みることはもうできないのだとわかる。

ベースキャンプが近づくにつれて足の爪が痛み、一歩踏み出すごとに声が出るほどになった。最後はかなり歩みが遅くなり、それでも約7時間で辿り着いた。懐かしいベースキャンプ。とても安全な所に戻ってきたのだと気持ちが安らいだ。夕食時、明日の早朝ここを出ると告げられる。飛行機の予約変更にてこずりながら部屋に戻り、すべての荷物を詰める作業に入った。車のお迎えは朝の４時。少しでもしっかりと寝たい。

２０１９年5月26日

迎えの車に荷物を積み込み、お世話になったシェルパさんたちに別れを告げた。荷物に埋もれながら暗闇の道を走る。寝不足で、車の中ではほとんど眠っていた。眠りながらも足には岩場や雪原の感触がまだ残っている。カーブで体が振られるとフィックスロープにぶら下がったような全身感覚がよみがえる。

来る時は高度に慣らしながら時間をかけてきた道も、戻る時は車で数時間。長い峠を下り、懐かしい町に戻ってきた。国境を越え、ヘリで自然の中から一気に都会へ。ハイアット・ホテルにチェックインした。まずは何よりもシャワーを浴びたい。夕食はホテル内のイタリアンレストラン。何もかもがご馳走で、すべてがとても豪華に感じる。エヴェレストから町へ戻り、色々と抑えていたものから解放された。

バスタブに身を沈めながら山行を振り返った。登頂できなかったことはとても残念だが、やれるところまで挑めたから後悔はない。今は安全な部屋で休めるのが何よりも幸せ。翌朝も、目を開けてベッドにいる自分が非常に嬉しかった。起きたいと思うまで存分に横になって、その喜びに浸った。

今回のエヴェレスト登山では天候不良による渋滞が起こり、多くの人が命を落とした。行動をともにしたヨーロッパ隊の人がそのうちの一人であったことは残念でならない。私たちのチームはあと少しのところで断念した。倉岡隊長の英断によって自分の命が守られたことに感謝している。

ヘリが上空に飛び立つと、山間部の畑が見え、それが次第に都市部の建物に変わる。

不調とパンデミック

２０１９年６月某日

慶應病院漢方外来へ行ってきた。部屋に入る前に担当医が待合室に現れた。無事かどうか気になっていたそうだ。診察室には他に3人の医師がいて、今回のエヴェレストの話を熱心に聞いてくれた。私のカルテには山話の記録が多い。本題の乳がん治療の副作用治療は効果がみられない24番はやめて、今は疲労回復に41番。変更した薬の副作用の関節痛が出たら、違う漢方を試すことになった。治療を始めて約3年が経ったが、まだ女性ホルモンが抑えられている状態に順応できていない。年齢的に本物の更年期が始まってもおかしくないので、副作用だけによるものかどうかは微妙だ。少しは楽になったような気もするが、体調が悪い状態に慣れたという程度である。それだけでも嬉しい。本当に嬉しい。

２０１９年７月某日

治療薬が変わり、その経過を見るために旭川医大病院へ行ってきた。特に大きな変化や新しい副作用が出ていないのでリュープリン*を打って、アリミデックス*を継続する治療になった。山歩きを再開。私の場合は関節が痛くなったとしても何が原因かわかりにくい。北海道はラベンダー薫る季節になった。

２０１９年７月某日

エヴェレストのアドバンストベースキャンプから下山する時に傷んだ左足の親指の爪が剥がれた。痛かっ

＊リュープリン　ホルモン分泌を抑える薬。
＊アリミデックス　エストロゲン生成を抑制する薬。

たのにそのまま歩き、次の休憩で調整しようと思いながら休むと忘れ、歩き出すと痛む、そんなことを繰り返し、ベースキャンプ手前でようやくインナーソックスを脱いだ。靴が変わったのにソックスの調整をしなかったというケアレスミス。山では我慢するべきことと、気がついたらすぐにやらなければならないことがある。下の爪が硬くなるまでもう少しかかりそうだ。右足もいずれ剥がれるかもしれない。

２０１９年某月某日

左足の爪を人工爪で保護したばかりなのに、今度は右の親指も剥がれた。痛い。足の爪は１ヶ月に１・５㎜程度伸びるそうなので、元に戻るまで半年以上かかる。変形が激しい場合は手術でもう一度剥がす可能性もあるという。山で歩く時の靴選びと足ケアは大切。

２０１９年某月某日

右足親指にも人工爪をつけた。そして、帰国後に再開したクライミングでホールド*の小さなルートを登ったら、今度は左手薬指に違和感が。レントゲンで剥離骨折と診断され、３週間保定することになった。骨密度が下がっている。ホルモン治療の副作用がまた一つ現れた。指に負荷のかかるクライミングに骨が耐えられなかったようだ。骨密度を上げるために薬を飲むことにする。そして問題のホルモン注射を打ったら腕が腫れて上がらないほどの痛みにも見舞われた。耐えることが多い日々である。

２０１９年某月某日

剥離骨折から3週間。無理せずに動かしてよいといわれた。早速クライミングジムへ行き、大きなホールドのルートを休みながら登って、外岩も触ってきた。まだ指を使うと痛むし、腫れも残っている。使ってい

＊ホールド　手がかりや足がかりになる突起。

ない痛みなのか、怪我の痛みなのかはわからない。外岩に向かう時に知り合いのがんの先輩に偶然会った。今回のことに「何があっても治療を続けなさいよ！」と強くいわれた。飲む薬が増えたけど、元気でバリバリ登っている彼女のアドバイスを受け入れて、将来の自分の姿に重ねてみた。今できる１００％でにっこり。

2020年1月某日

今年度の全身がんチェックの結果を、1月の初めに聞いてきた。骨シンチグラフィー検査*では異常は見られなかったが、ＣＴ検査の画像で骨に異常が見つかり、造影ＭＲＩ検査を受けることになった。胸椎5番、ちょうど肩甲骨の真ん中ぐらいにある背骨の一つに影が映っている。がん転移の可能性は低いと説明されたけれど、びっくりしないはずはない。翌週の読影*で、異常は骨島*と診断され、経過を見ることになった。

驚いたことは、もう一つある。通院中の慶應病院漢方外来の医師に、卵巣両側を取っているならリュープリン注射は不要ではないかといわれたのだ。乳腺外科診察時に手術の内容を確認してもらい、注射は要らないことになった。婦人科では、子宮内膜細胞診も年に1度ぐらいでよいといわれた。

卵巣を取って約1年半、乳がん治療薬を替えて1年、同じ大学病院でのことなのに、不要なとても痛い注射を打ち、私の人生で一番痛くてつらい内膜細胞診をやっていたなんて……。大学病院の診察時間は短い。自分の訴えはメモしていないと伝え忘れたりする。漢方外来へ行っていてよかった。こちらは話が中心で、総括的に診てもらえるから見落としに気が付いた。ともあれ今回は転移でなくて何より。年始から寿命が縮まりそうなことが重なった。生きていることを実感できる年の始まりだ。

2020年1月某日

骨粗鬆症でよくいわれる改善法は、日光にあたり、適度な運動、食事療法、投薬である。骨を健康にする

＊骨シンチグラフィー検査　がんが骨に転移していないか調べる検査。
＊読影　検査画像を読み解いて医師が診断すること。
＊骨島　骨が部分的に硬化する正常変異。

働きがあるビタミンDを取りたくて、毎日舞茸ときくらげを食べるようになった。ただオリーブオイルで炒めるだけの簡単調理だ。いつものように炒めていたら、きくらげが壁に、床に、顔に飛び散った。とても熱くて痛い危険なことになってしまい、蓋をしても温度を下げてもダメ。調べてみるとどうやら種類があるらしく、市場に多いのはアラゲきくらげ、爆弾化したのは本きくらげだ。全体的にプルプルしていて、きくらげの種類としては珍しいものであることもわかったけれど、本きくらげを炒めると危ない。

2020年某月某日

慶應病院漢方外来へ行ってきた。血液検査ではこの1年、コレステロール値が高いまま。LDL（悪玉）

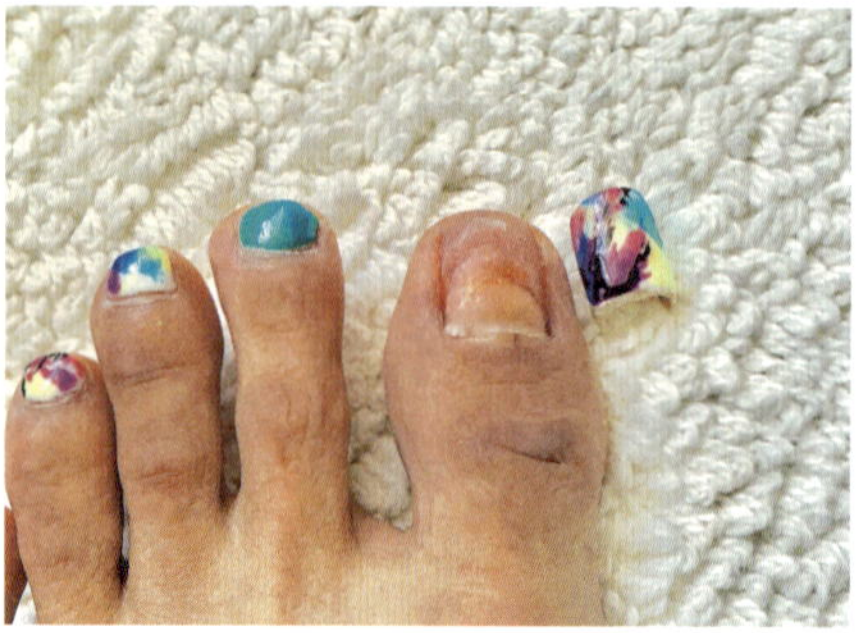

左足の親指の爪が剥がれた。

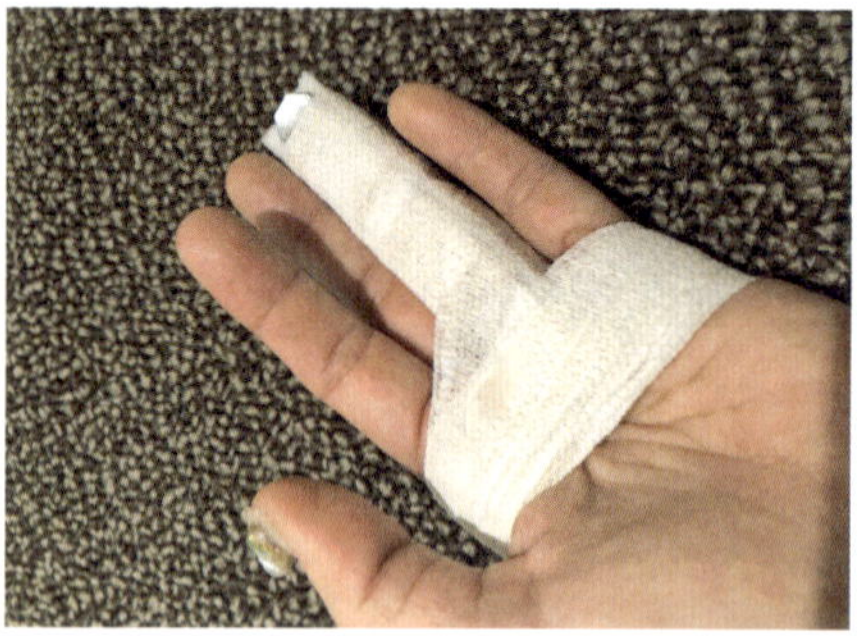

ホルモン治療の副作用で骨密度が下がり、クライミング中に剥離骨折。

がより基準値を超えている。加齢、運動、食事に起因するといわれているが、私の場合、加齢以外当てはまらない。結局、卵巣を摘出したことが大きな原因だろうといわれ、骨密度の低下に加えて脂質代謝へも影響が出てしまった。これは漢方薬では対応できないから普通の薬を飲むことになり、飲む薬がまた増えた。薬を飲むことはあまり好きではない。しかも私の服用しているものは副作用も強くて、本当に嫌になる。

だから時々考える。全部やめようかな？　でもやめたらがんが転移したりして寿命が縮まるのかな？　いや、本来の寿命を受け入れることになるのか、なんて。まあそういう暗くなってしまうようなことは友人にもあまり話せないし、滅多に自分でも考えたりはしていない。

ただやる気が落ちた時に事実と向き合うと、物事に真剣に挑むための刺激になり、よい作用もある。

2020年某月某日

登山後の温泉は楽しみの一部だろう。私はもともと大浴場が苦手で、アトピー性皮膚炎もあり、硫黄泉に向かないので、大抵はシャワーだけで済ませている。乳がん手術後は、より避けるようになった。

トムラウシ山*へ登る前日に泊まった国民宿舎には、硫黄泉ではない温泉の露天風呂付き大浴場があった。宿泊客が少なかったので、サウナと水風呂と、沢の音を聞きながらの外気浴を繰り返し、究極の寛ぎを体験した。温泉がこんなに素晴らしいなんて。とても楽しい時間にウキウキした。

2020年某月某日

剥離骨折を起こした際の私の骨密度は、同年代と比べて70%だった。薬を飲み始めて半年は変化が見られず、副作用もあるので、今回の検査で変わらないなら服用をやめようと考えていた。結果は100%になった部位もあり、全体的に密度が上がった。そして先月から追加で飲み始めたコレステロール値を下げる薬も

＊トムラウシ山　北海道中央部、美瑛町と新得町の境にある大雪山系の山。標高2141m。

効果が表れ、ほぼ正常値になった。なんと嬉しいことだろうか。二つの好結果に、思わず握りこぶしを作った。

卵巣を摘出したことで、こんなにあちこちに影響が出るなんて思っていなかった。でも尽くせることはやっていきたい。人との密度は下げ、骨密度は上げたい。

2020年某月某日

経過観察で旭川医大病院へ行ってきた。大学病院はコロナ禍でも空くことはなく、待合の椅子で人との距離を保つことは難しい。普段の生活よりもかなりの3密だ。

朝はすべての指が曲げられなくて、パキパキと指の関節が痛い。夜中に起きてトイレに行くと、ドアを開けるのも紙を取るのも大変だ。それに対し主治医はみんな同じ、あと半年だから頑張ってという。そして、関節が硬くなったら5分ぐらい体操をしてくださいともいう。私は心の中で「起きるたびに5分？　夜中に完全に目が覚める！」と叫ぶ。結局答えたのは「半年ですね、わかりました……」。

改めて薬の注意書きを見ると、当てはまる副作用が結構あった。起こりうる率が1％以下でも、こんなに当たるなんて。でもあと半年ならやれる。それまではクライミングはほどほどに続けていよう。

2020年某月某日

今も続くがん治療の副作用で一番つらいのは、眠れないでいること。それが最近少し改善された。一晩に5～7回完全に覚醒して大汗をかいていたのに、今はその回数が3～5回になった。これは本当にとても嬉しい。夏に室温を21度にして扇風機をかけながら厚い布団を被ったり剥いだりして調整する〝冷やし技〟も年季が入ってきた。この睡眠障害は高所登山生活ではむしろ役に立つと思うこともある。しかしそれ以外の不調も盛りだくさんだ。リンパ浮腫を起こした右腕は、たまに擦り傷ができたりすると「お願い、腫れないで！」と強く願う。最近はがん治療薬が変わったことで関節の痛みが起こり、それが耐え難い。睡眠時や安静時に起こるこわばりは、歩きにくくなったり、ものや手すりをつかめなかったりと危険。だからもうやめようと思った。ただその前に同じ成分で違う薬に変え、その2種類を1ヶ月ずつ試してから決めようと思っていた。そんな時に3回目の偶然で、乳がんの先輩に再会し、今まで人に話せなかったつらさを聞いてもらえた。先輩は、この数年転移がなかったことは治療の効果が出ている結果だから治療を続けて、という。彼女には、なぜか私が治療を止めようと思った時に偶然会う。何かのよい導きのように思えて、もう少し頑張ろうと思えた。睡眠がほんの少しよくなったから回復力が増し、このまま耐えていれば他のことも今より上向くかもしれないと思う。自分の中で今できる最大のことを続けたら、きっと前に進んでいけるのだと信じている。ただ、痩せ我慢はもうやめて、正しく自分と向き合っていきたい。

2020年某月某日

　がんは遺伝性のものも多いといわれている。確かに私の家系にはがんが多い。知り合いから遺伝子検査の話を聞いて、私も受けてみることにした。治療の大変さを体験しているので、検査でわかるなら発症する前にできることをやりたいというのが私の気持ちである。アンジェリーナ・ジョリーがこの検査を受け、予防的に両乳房切除・再建手術を受けたことを発表したのは2013年。日本でも話題になった。

　日本でこの検査が乳がん・卵巣がん・卵管がんの既往歴のある人には保険適用となった。費用の面で以前に比べ受けやすい検査となり、その後の治療や手術も保険が適用される。それでも自己負担額は6万円（3割負担）ほど。保険外診療のカウンセリングが1万円など、色々と費用がかかってしまう。結果が出るまで約3週間。採血の時に看護師さんから、その後リンパ浮腫の調子はいかがですかと聞かれた。治ったとばかり思っていたけれど、再発するという。むしろ3週間で収まったことの方が珍しいとのこと。自分では関節の方が痛んだりこわばったりでつらいけれど、リンパ浮腫のほうが厄介だということを忘れていた。

2020年某月某日

先月末にがん遺伝子検査の結果が出た。ネガティヴ（陰性）。陰性と聞けば通常はよい結果となるが、今回の場合は私の乳がんは遺伝性ではないという意味。今後がんの転移や再発がないことを保証するものではない。予防的な手術は受けられない。今後も再発転移を検査していくことになるのだろう。

11月初めに受けた年一度の全身的な検診の結果も出た。今年も転移や再発は見つからなかった。こちらの結果は治療経過としては喜ばしい。何年も苦しんできた薬の副作用については、治療の目安となる5年の区切りまで、もう数ヶ月飲み続けることにした。減ってしまった骨密度を取り戻すのは難しいが、寝ているだけで痺れた重たい腕はかなり楽になった。あとは全身の関節の痛みが減って、リンパ浮腫の再発予防で傷に気をつけるなどの制限付きなら、まだまだいろんなことができるのだと思う。

2021年某月某日

卵巣摘出によりがん治療薬が変わり、婦人科検診は年一度になった。子宮は残っているので、今後も検査する必要がある。問題は、私が体験してきた検査で一番痛いこと。子宮壁を摘み剥がす時に局所の熱い痛みと同時に大脳がジーンと刺激を受ける。麻酔があったらなぁといつも思う。毎日の不調改善には積極的に運動をしてくださいというので、私は七大陸最高峰制覇に向けてそれなりに体は動かしていると話した。すると、やりすぎもよくないといわれ、電子カルテに「あとエヴェレストだけ」と記録された。

2021年某月某日

4週に一度の骨粗鬆症治療薬を飲む日。今年初めの検査で、また骨密度が少し下がっていた。運動はしているし日光にも十分当たっている。あえて変化を探すならきくらげを食べなくなったことくらい。そして血症治療薬で抑えられていたコレステロール値が少し上がった。悪玉善玉ともに高いので、近いうちにもう一度調べようと思う。アレルギー検査ではいくつかの項目の抗体価が下がり、ここはひと安心。アトピー体質でもあるので日頃の食生活はかなり気を付けている。私の場合はマーガリン、ショートニング、人工着色料や食品添加物を避けていれば体の反応は落ち着いている。そして一番気がかりだったのは婦人科系（子宮）のがん検診。今回の結果では問題なく、痛い検査と診察はまた1年後。

がんになったことで生活スタイルや体調が大きく変わった。でもそれによって診察や検査を定期的に受けるようになり、体の状態変化を早めに知るきっかけができた。今でも結果を見るのはドキドキするけれど、早くわかれば対処もできるので嫌でも続けていこうと思う。特別な変化がなければ2021年も今のままでいられそうだ。

2021年某月某日

乳がん治療を始めてから5年が経った。先日の診察で、治療薬の服用をやめることになった。人によっては10年飲む場合もあるが、私のがんはルミナールAで大人しい性質。「どうしますか？」と聞かれて「やめます！」と即答した。副作用には個人差があるが、私は全身の関節痛があり、こわばりがつらくてたまらない。服用をやめたいとずーっと思ってきたから、やめてもよいならそれに限る。

それでも不調を挙げればきりがない。もう何も起こらなかった状態には戻れないのだろう。受け入れられなくて折り合いもつかずに泣き崩れていた日がどのくらいあっただろうか？　しかし今はこの状態でどうやっていけばよいかと考えるようになった。できなくなったこともある、やめたこともある、それでもまだできることがあると気がついた。乳がん治療薬は手持ちを飲み切って終了することになった。薬のケースを見たら、そう決まった日の朝が最後の1錠だった。

2021年某月某日

あんなにつらかった関節の強張りがなくなった。最初に気がついたのは夜間トイレに行く時に足の関節が普通に動いたことから。一番気になっていた手の指も少しずつ楽になってきて、最近物を落とさなくなったなと感じ始めた。うん、朝起きた時にパキパキしない。動きにくさも、固さも感じなくなった。

薬というのは、副作用があったとしても効かせたいことのほうの優先性を信じ、我慢して服用しなくてはいけないのだろう。私の場合、耐えられなくなったらいつでもやめてやると思って続けてきた。だからつらくなった時には「どうせ今やめるならあと少しだけやってみよう」と思い、「それでもやっぱりつらい」、「けれどもうちょっとだけ」となり、「いよいよもうやめる！」という時には、がんの先輩に励まされて思いとどまった。最終的には、ここまできたならこのままやり通そうと、今になった。

薬による影響がなくなっても、手術で取った臓器やリンパ節と放射線治療の影響はまだあって、そちらのほうはもう元には戻らないのかもしれない。それでも一つの問題がなくなって、本当に嬉しい！　がん治療薬の服用をやめてちょうど2ヶ月。関節のこわばりが消えた。やったー！！！

2021年某月某日

手術から5年と半年。気がつくと、ずいぶん前から重たい腕を感じなくなっていた。主治医の判断で飲み薬をやめて関節痛が治まり、夜間覚醒が少し減って、ついに腕の痺れがなくなった。以前は先が見えず目の前の不調に苦しめられていたけれど、今はこうやってつらいことが減ってきている。なんだか幸せである。

2021年某月某日

半年に一度の骨密度チェック。薬を飲みながらの経過観察、日光に当たることや運動は十分すぎるくらいにやっている。むしろ負荷をかけすぎて剥離骨折してしまったことを今後は防ぎたいのと、可能なら薬の服用を減らしたい気持ちがある。今回は少し上がった。すごく嬉しい！　でも薬をやめるほどではない。

2021年某月某日

乳がんの定期検診。いつものように気になることはありますか？と聞かれ、しこりのようなものができた気がすると答えた。本来なら全体的ながん検査は11月。それがこの異変で9月頭に繰り上がった。いつもの検査項目に造影ＭＲＩが加わる。それはよいが、検査の説明が長々と始まったので手短にお願いしますと頼んだ。

ラベンダーが最盛期を迎えた。今年は雨が少ないからか香りの甘さが増している気がする。試行錯誤しながらラベンダーボールに初めて挑戦したら、玉ねぎみたいになった。リンパ浮腫予防の禁忌事項には編み物も含まれるけれど、様子を見ながらやっている。かつてその説明を受けた時は、今後の人生が閉ざされたという思いに押しつぶされた。でも今は、やりたいことを可能な限りやっている。検査結果はどうなるかわからないけれど、今までのがん治療の経験を生かしていきたいと思う。

2021年某月某日

9月頭に受けた、年に一度の全身的ながん検診の結果を聞きに行ってきた。

結果は、再発はなく遠隔転移も見られなかった。今まで以上に嬉しく、安心した。がんになんてなりたくなかった。でもなってしまったことで定期的に検査するチャンスが増えた。ちょっとした体の異変であっても「またがん？」と思ってしまうけれど、結果がよければ何かの困難を切り抜けたかのような大きな喜びを感じる。早く見つかるほど生存率も高まり、治療ができる。自覚症状がないこともあるとは思うけれど、すべての方に、少しでもおかしいと思ったら躊躇することなく検査を受けて欲しいと思う。

2021年某月某日

今年も屋久島へやって来た。早速向かったのはモッチョム岳。歩き始めると千尋の滝と沢の音が重なり、少し薄暗く湿った空気に包まれる。もう何度となく来ているこの懐かしい雰囲気が喜びに変わる。

今も山を歩き続けているのは、この山が大好きになったから。パンデミックの今は海外の山に行かれないが、ここへ来れば今後の自分がどうしたいのかわかる気がした。

かつては木々に巻かれたピンクのリボンが景色の邪魔になると思ったこともあるが、これなしでは迷子になってしまう。自分が乳がんになって、ピンクリボンが早期発見・治療のシンボルマークであり、屋久島では大切な道標となっているのも何かの縁ではないかと思うようになった。急登が続くモッチョム岳も、以前に比べてかなり楽に歩けるようになり、乳がんの治療も今のところうまくいっている。健康な体とはいえなくとも、こうして続けられて非常に嬉しい。

展望台で、地図と時計を睨めっこ。今は10時44分、頑張れば11時19分までに山頂に着けるかもしれない！

種子島のロケット発射に間に合った。山頂の祠にお参りを済ませ、海に浮かぶ平らな島を眺めていると、音もなくロケットが上昇し、そのあとで爆音が訪れた。打ち上げが1日延期されたので、山歩きにタイミングが合った。いい偶然が重なり、いいようのない感動を一人で噛みしめつつロケットの軌跡を見ていた。

種子島のロケット発射を屋久島で目撃。煙が「エヴェレスト」の文字に見えた。

ラベンダーボールを作ってみたら玉ねぎみたいになった。

万代杉の前でパワーチャージ。

すると煙の形が変わり、私には〝エヴェレスト〟の文字に見えた。さらに万代杉の前でパワーを充電。世界の感染状況が落ち着き、チームのみなさんが安全な状態になったら、エヴェレストに再挑戦したい。

10月はピンクリボン月間。私が罹患した5年前は11人に1人だった。それが今年は9人に1人に。早期発見、早期治療にはまず検診を受けることが大切。是非、自分は大丈夫と思わずに受けていただきたい。

2021年某月某日

関節のこわばりや痛みが和らぐと、少しずつ力を入れられるようになり、遠慮していた外岩も気合を入れて臨みたいと思えるようになった。しかし今まで控えめにしていたからどうしても気持ちを抑えがちになり、いざという時には恐怖に負けてしまう。クライミングジムでは常に持久力が足りなくて、なかなかグレードが上げられない。友人たちに追いつくのはまだ大変だけど、恐怖をうまくコントロールして自分を超えていけたら、もっと楽しくなれるのだと感じる。副作用がなくなったのは本当に嬉しいけれど、「副作用のせい」という言い訳ができなくなった。

2022年某月某日

今年も桜が見事に咲いてくれた。

そして本来ならばエヴェレストへ向けて出発する頃でもある。2022年の春も未だ新型コロナウイルスの感染状況が落ち着かず、出発を見送ることになった。いつかの日のために備えることしかない。しかし今、正直な気持ちを問われたら「燃え尽きたくとも燃やすものがないよ」と答えてしまうだろう。

はかなく綺麗に散りゆく桜を眺め、いま一度気持ちを奮い起こしていこうと思う。そして以前、乳がんの放射線治療に1ヶ月間毎日通っていた頃、病院近くの公園に咲いていた桜の可憐で逞しい姿に励まされたことを今も忘れていない。来春こそ、桜の開花が希望に向かって進む道標となるようにと願っている。

2022年某月某日

またしても全身的ながん検査の時期がやって来た。この検査を受けるとあと数ヶ月で年が変わると感じさせられる。通常の採血から始まり、その後、骨シンチグラフィー検査のための放射性医薬品を注射する。この注射のあと、4時間後の撮影までの間にCT、造影剤を使用してのMRIとマンモグラフィーを受けるスケジュールだった。一連の検査はもう何度も受けてきたので、さまざまなコツがわかるようになっている。

まず腰のCTでは、下着を含めてボタンやジッパーなどの金属類や装飾のある服を着ないほうがよい。ジーンズを履いて行った時、横になり、タオルをかけた状態でモゾモゾと尻の下まで下げて撮影された。しかし撮影後、ジーンズを上げる前に男性検査技師にタオルを剥がされたことがあった。かなり嫌な思いだった。もちろん抗議をしたが、ウエストがゴムの服を着て行けばそういうトラブルを避けられる。

マンモグラフィーはこの大学病院では女性技師さんが担当してくれるが、他では男性技師さんが受け持つところもあるという。乳房を挟む体勢を調節する時に体が密着するし、上は裸。それを男性にやってもらうのは信じがたい。検査を遠慮する人を減らすためにも安心して受けられる環境が整うことを切に願う。そして痛みも伴う。特に術側は放射線治療で皮膚が硬くなっているから反対側よりかなり痛い。うつ伏せで行う胸のMRIでは位置を確認するために覗き込まれるので、最初は女性に担当してもらい、撮影後は担当の男性に、前を閉じるまで見ないでくださいとはっきりお願いした。今回は今までの検査での嫌な問題を解決しながら受けることができた。

2022年某月某日

9月に受けた全身的ながん検査の結果を聞きに行ってきた。今のところ転移等は認められないという。画像をみながら問題はないといわれ、検査結果の紙をもらった。骨、肺、肝臓への転移なし、術部等の再発など、数枚にわたる検査結果には、それぞれの専門医の見立てが書かれていた。

乳腺外科で気になることは何かと聞かれて、マンモグラフィー検査がつらくて受けたくないと相談したら、造影MRI検査を受けるならそれでよいと次回から省くことになった。半年後の通常診察を予約して、婦人科の受付に向かう。いつもより待っている人が少ない。だから直ぐに順番が回ってくると思ったが、結局1時間30分以上待つことに。体調の大きな変化はないが、普段人に話さない体調不良の不満をここぞとばかりに話した。話したところで、やれることはすべてやっているから体が慣れるのを待って続けていくしかないのは理解している。それでも期限の定まらないゴールを目指すのは気が滅入ってしまう。これは予約しているのに時間がはっきりしない病院での診察待ちと似ている。

さらにいいことがあった。それは私の人生の中で一番痛い子宮体がん細胞検査を受けなくて済んだことだ。今後は子宮頸がん検査は2年に一度、子宮体がんの細胞検査は超音波で異常がなければ受けなくてもよいといわれた。どんな病気も早期に見つけることが大事である。しかし自覚症状なしに婦人科系の診察を受けるのはとっても億劫なことだ。私は命と天秤にかけ諦めて通院している。

治療することで、多少の制約があってもさまざまなことが続けられている。エヴェレストにも挑戦したい。今年も乳がん啓発月間の10月がやってきた。検査は楽ではないが、多くの人に受けていただきたいです。

2022年某月某日

先日、クライミングコーチの講習と試験を受けに行った。講義の中で〝ピリオダイゼーション〟の課題が

色々試して、行動食を最終的に決める。

富良野岳で後ろを振り返ると、長く険しい道が見えた。

三浦雄一郎氏の2013年エヴェレスト登頂の際に携行されたことからこの銘がついた、人間国宝の室瀬和美氏による漆椀。小山薫堂さんからのいただきもの。

ピリオダイゼーションでエヴェレスト登頂を計画しようと決意。

あった。これはスポーツの世界ではかなり広く普及している練習計画の作成方法の一つ。年単位や月単位などに期分けして練習のメニューを組み、成果のピークを試合に合わせるように計画することだ。技術の上達だけではなく、疲労を溜めないこと、やる気の維持を踏まえて強度や時間と実施数を決める。そんな話を聞いて、これを自分の目標であるエヴェレスト登頂に置き換えて準備計画を書き出してみようと思った。

先日歩いた富良野岳の景色を思い出した。後ろを振り返ると長く険しい道が見えた。前を向くとこれから進む長い道が見えた。どんな道でも岩場でも足を一歩一歩ゆっくりと出していれば進むことができる。遠くから見て険しくても目の前の一歩を出し続ければ越えることができるのだと思った。

私の登山体験を振り返ると、最初はマッターホルンに登りたい思いが明確にあった。だから目標に向かって段階的に山をこなしてきた。屋久島トレッキングから雪山へ、雪山からロッククライミングへ、そして海外での初登山でモンブランを踏破し、念願のマッターホルンに加えアイガーにも登ることができた。この時の目標に対する計画の立て方はピリオダイゼーションとはいえないが、大まかな流れとしては似ている。

マッターホルンに登ったあと、倉岡隊長と知り合うことになり、アコンカグアに行った。間にアフリカ、南極、オーストラシアの最高峰登頂をはさみながらも2回敗退し、3回目でやっと登頂した。この頃は体験が先にあり、その体験と失敗を糧に次に向かうようになっていた。

セブンサミッツを目指そうかと考え始めたのは4峰を終えたあたりから。ともに登ってきたメンバーたちからよい刺激をもらい、工夫したら自分も登れるのかもしれないと思うようになった。乳がん治療で体調が不安定だったり気持ちが揺らいでいたりと先の可能性を考えられなかったが、諦めず続けていたら6峰を踏破できた。そして今、先にあるのは最後の高峰エヴェレスト。これに向けて目の前の一歩をより明確な一歩として踏み重ねたい。気持ちを引き締めて、ピリオダイゼーションで計画しよう。

2022年11月某日
倉岡隊長から3月にエヴェレストへ向けて出発する予定表が届いた。いよいよ動き出す。

2023年2月某日
エヴェレストに必要な装備の打ち合わせをした。今回はネパール側から山頂を目指すので、チベット側から登った前回とは必要な物が変わる。ベースキャンプが氷の上にあり、下が動いているという。チベット側は車で入れたが、今回は歩き。その違いだけで靴が一つ増える。日本の山では使わない物は4年間しまい込んだままなので、どこにあるのかわからない。オーバーブーツを見つけるのに2時間かかった。電化製品や充電池は劣化しているものを新調。薬は何を持って行けばいいのやら。4年ぶりの海外長期遠征の荷造りに、かなり頭を悩まされている。

2023年3月某日
毎日準備をしている。細々としたものを注文しては毎日荷物が届き、その合間に装備の確認。一番気がかりな高所靴の試し履きに唐松岳へ。耐風姿勢をとりながら登頂すると、小さいマメが指にも踵にもたくさんできた。行動食の最終選定もしなければならない。ネパール入国ビザのネット申請はやり直し。小山薫堂さんからいただいた漆椀「ちょもらんま」も忘れずに。最近は人に会うと「登ったら、そのあと何をするの?」と聞かれる。まだ終わっていない、終わるかもわからない。聞かれるたびにプレッシャーに感じるのは自分が凡人であることの証しだ。登ることよりも生きて帰って来ることが目標だと思っている。

セブンサミッツ登頂成功へ

2023年3月21日

4年ぶりの海外へ向かう。この日を待ってさまざまな準備をしてきたが、出発を前に飛行機のチケットをなんとなく見ていたら、搭乗日が5月になっていた。慌てて変更するとかなりの額の手数料を取られてしまったが、空港に行く前にわかってよかった。荷物はダッフルバッグ3つと手荷物を合わせて重量は60kg超。遠回りだが、ドーハ経由でネパールのカトマンズに渡った。

空港の建物を出る手前で、強面な人がまっすぐこちらに向かって来た。今回の登山の手配をしてくれるネパールの会社のオーナー、タブリンだ。彼の車に荷物を積み、ホテルへ向かった。ここでようやく気持ちが落ち着き、懐かしい町の様子を車窓から眺めた。空港から近くて部屋が広いハイアットにチェックインした。

2023年3月23日

山に向かう前にすることは、荷物の仕分けと買い物。ホテル前のスーパーで紙類や消毒用のアルコールなどの日用品を、市場では調味料やスパイスを揃えた。

私は高所には強くないほうだ。コロナ禍で海外へ行かなかったので富士山より高い山に登るのは久しぶり。体を高所に慣らすために倉岡隊長に頼んで、他のメンバーより先にやって来た。

明日から山だ。約14日間の山歩きに運べる荷物は30kgと手荷物、それ以外はホテルに預けていく。荷造りは何度やっても思った以上に時間がかかる。部屋中に荷物を広げ、必要なものから選んで、最後は重さギリギリまで、あったら便利なものを詰めるだけなのに……。ハイアットホテルはバスルームが広いが、以前から変わらず洗面台やシャワーの排水が悪くていつも修理を頼む。ホテル側の不備にもかかわらず直してくれた人に何故かチップを渡すことになるから納得がいかない。しかし、明日からの生活はどうなるかわからない。ゆっくりお風呂に入りたい気持ちを優先させて直してもらい、チップを払った。

2023年3月24日

朝5時にホテルを出発してカトマンズ空港に向かうと、早朝にもかかわらず多くの人で列ができていた。セキュリティチェックは途中から男女に分かれる。割り込みが横行したりしてごった返している。

市場でスパイス類を購入。

ヘリでは、後ろの席に倉岡隊長、シェルパを務めてくれるペンバー、アンプルバと、まったく知らない人が家電を抱えて乗った。空いた席には村人が優先して乗れるようになっている。給油で立ち寄ったルクラは標高が約２８００ｍの世界一危ない空港としても有名だ。ここで村人が降りて、再び飛び立つと、20分かからずにナムチェバザールのヘリパッドに着いた。空がとても青く、空気はひんやりとしている。宿は谷間にあり、下り道をペンバーに付いてゆっくりと歩いた。途中で上りになると少し息が弾み、深呼吸しながら宿に入る。遅めの朝食にトマトスープと野菜のモモ*を注文。薄暗く寒い廊下を歩くと体がふわふわする。部屋は明るくて広い。お湯が出てドライヤーがあり、電気毛布もある。周囲を散策し、早めの夕食にはダルバート*。

２０２３年３月25日

2日目は高所順応で近くの展望台へ上がった。その近くの博物館では、シェルパさんの昔の家を再現した展示を興味深く観た。写真展示室には田部井淳子さんのエヴェレスト山頂での写真とサインもあった。何度か目にしたことのある写真をいつもとは違う思いで見つめ、自分がそこへ向かっていることと重ね合わせた。登るために一番大切なことはまず高所に体を慣らすこと。私の順応方法は軽く体を動かして意識的に呼吸することだ。過去に2回の肺水腫経験があるため、順応にはかなり慎重になってしまう。ゆっくり動いても階段状になった道を登れば心拍数が上がる。まあこのことは平地の山でも同じだから焦ることはない。

２０２３年３月26日

高所順応中は、高度を上げたり下げたりしながらいくつかの村の宿を泊まり歩く。今日はクムジュンの村へ移動してホテル　エヴェレスト　ヴューに泊まる。重厚な石造りのロビーがあり、その先に山の景色が広がっている。部屋のバスルームが綺麗で室内も広い。夕食前に荷物を広げてシャワーに入った。数分間くつろ

＊モモ　ネパールやチベットで食べられている餃子に似た料理。
＊ダルバート　豆（ダル）のスープとご飯、野菜炒めなどのおかずを盛り合わせた、ネパールの国民食といえる定食。

いでお湯を浴びていたら、ちょうどシャンプーをすすぐタイミングで急に水になったり、熱湯になったりして慌ててしまった。設備が整っているのでつい油断したが、ここが山の中であることを思い出させてくれた。

部屋には高所に慣れる要点が書かれた日本語の注意書きが置かれていた。ゆっくり呼吸して、ゆっくりと動き、保温して水分をたくさん摂り、トイレに行くこと。それでも体調に異変があるなら酸素の用意があるとあった（有料で高額）。新しい標高での一泊目。お湯のポットをそばに置いてたくさん飲む練習を開始。

2023年3月27日
コーヒーを頼むと、どこでもインスタントが出てくる。ホテルのマネージャーはペンバーの従兄弟だから、お願いしてドリップで作り直してもらった。〝フレッシュコーヒー〟とお願いすればよいそうだ。

クムジュンの村はシェルパ族の故郷である。登山禁止の神聖な山、クンビラ山のふもとで、牛がくわを曳いて畑を耕し、ジャガイモを植えている光景に思わず足が止まる。今日の高所順応はホテル近くの丘、標高4200mのヒラリーメモリアルビューポイント。

ホテルへ戻る途中に素敵なカフェを見つけ、カプチーノを注文。観光客相手だからか価格はかなり高い。くつろいでいたら背の高い痩せ型の男性がいきなり私たちのところに来て写真を差し出し、イギリスの大学で教授をしていてネパールが大好きなんだ、日本人の生徒はとても熱心に学習しているよ、なんで君たちは英語が話せるのか？などと喋りまくったあと、店から出て行った。朝からいろんな出来事のある一日だ。

今日は洗面台で先に髪を洗ってから全身シャワーをすることに決めた。夜の気温はマイナス11℃。部屋には小さな電気ヒーターしかない。服を着込んで化粧品や水は凍らないよう電気毛布の中に入れておく。寒さにはまだ慣れないが精神的には落ち着いて、腸は少し調子がよくない。川の水や雪解け水はいくら沸かしても標高では沸点が低いからそうなることは想定内。ひどい下痢にならなければそれでいい。

ナムチェバザールの村。

夕食はダルバート。

展望台には、1953年エドモンド・ヒラリーとともにエヴェレストに人類初登頂を果たしたテンジン・ノルゲイ像が。真ん中より少し左に見えるのが頂上。

2023年3月28日

酸素飽和度は91％と下がり、心拍数は安静にしていても75bpmと高い。そんな朝にペンバーが「今日はたくさん歩きまーす」という。移動中に何度もヤクやゾッキョ*の列に出会い、道路脇に避ける。一頭一頭の異なる毛色や柄を眺めて待つのは楽しい休憩時間。私たち個人の荷物はポーターさんが運んでくれている。30kg以上の荷物を担ぎ、酸素の薄い山道を擦り切れた靴でタカタカと早足に進んではどっかんと道端に座って休憩する。この標高では私の体にはまだ何も起こっていないけれど、頭の中では常に「ゆっくり歩いてゆっくり呼吸、順応しますように」と唱えている。

お昼ご飯を食べたロッジから先は、登り道が続く。少し息を弾ませて登るとタンボチェの町があり、カフェでカプチーノとチョコレートドーナツ（で1200円！）を注文。トイレも新しくて綺麗だった。ここまで来たら目的地は近いのでゆっくり休んで、ディボチェの村へ向かった。

今夜のホテルはシャワーの温度が安定してお湯がたっぷり出る。Wi-Fiは不安定だが食事がおいしく、女将は快活で気が回り居心地もよい。昨日より標高が低い3600mなので、しっかりと眠りたい。

2023年3月29日

昨晩はとてもよく眠れた。朝は気温がぐっと下がり、洗面所の水が出ない。窓の外を見ると雪が積もっていた。しっかり休めて食事がおいしかったので、気分がとても軽く晴れ晴れとしている。

宿を出ると上り坂が続き、景色が開けた山間にショマレの村が見えた。今夜お世話になるのはフレンドシップロッジ。部屋数は4つとこぢんまりしている。トイレは部屋を出てすぐ脇にあり、水は壺から手桶で流す。夜は暗くて寒そうなので、今晩からピーボトルの出番になりそうだ。気になっていた体の痺れは食事をしてゆっくりしたらなくなり、ひと安心。その一方でお腹にガスが溜まり、少し下痢気味になってきた。こ

＊ゾッキョ　父親がウシ、母親がヤクのウシ科の動物。

れからはニンニクと辛い味付けは避けていこうと思う。

電波はあるけれど、部屋ではヘッドライトをつけて寝袋を広げる。急に試練が始まった感じだが、今までが整いすぎていただけで山小屋生活が始まっただけ。

2023年3月30日

昨晩はピーボトル初使用となった。数年間のブランクがあるけれど、それなりにうまくできた。ただ、立膝の姿勢を取ったら足が攣った。部屋が寒くて足が疲れているとこうなる。

今日はディンボチェの村へ向かう。標高が4330mになるので少し緊張する。気合は入れずに広い景色のなだらかな道をゆっくりと歩く。荷物を運び終えたゾッキョとはすれ違うが、トレッキングの人には会わなかった。美しい景色の中にいると、新しい、しかも苦手な標高に向かっていることは忘れて3時間ぐらいで村に着いた。

今日お世話になる宿は、ペンバーの親戚が経営しているホテル チョモランマ。ホテルの前に勇ましくそびえるのはチョモランマ（エヴェレスト）ではなくアマ・ダブラム（6856m）。その山が眺められる数少ないトイレ付きの部屋に案内してもらえた。洋式トイレはバケツで水を流し、手洗いは凍結中。便座は冷たく、座るたびに飛び上がりそうになるが、部屋には電気があって電源もある。掃除はあまりされていないが、枕には服をかぶせて使えばいい。広い食堂はとても寒く、毛布を2枚借りてくるまった。ストーブをつけてくれるのは夕方からだ。

ここの食事はおいしい。振り返ると、どこでも同じものを頼んでいる。そしてその理由は、どの宿もメニューが一緒なのだと気づいた。作る人が違うので味の違いはあるけれど、今後も変わらないならば、餌のように同じものを頼むことになりそうだ。町の入り口に気になるカフェがあった。でも部屋には、外で食べた

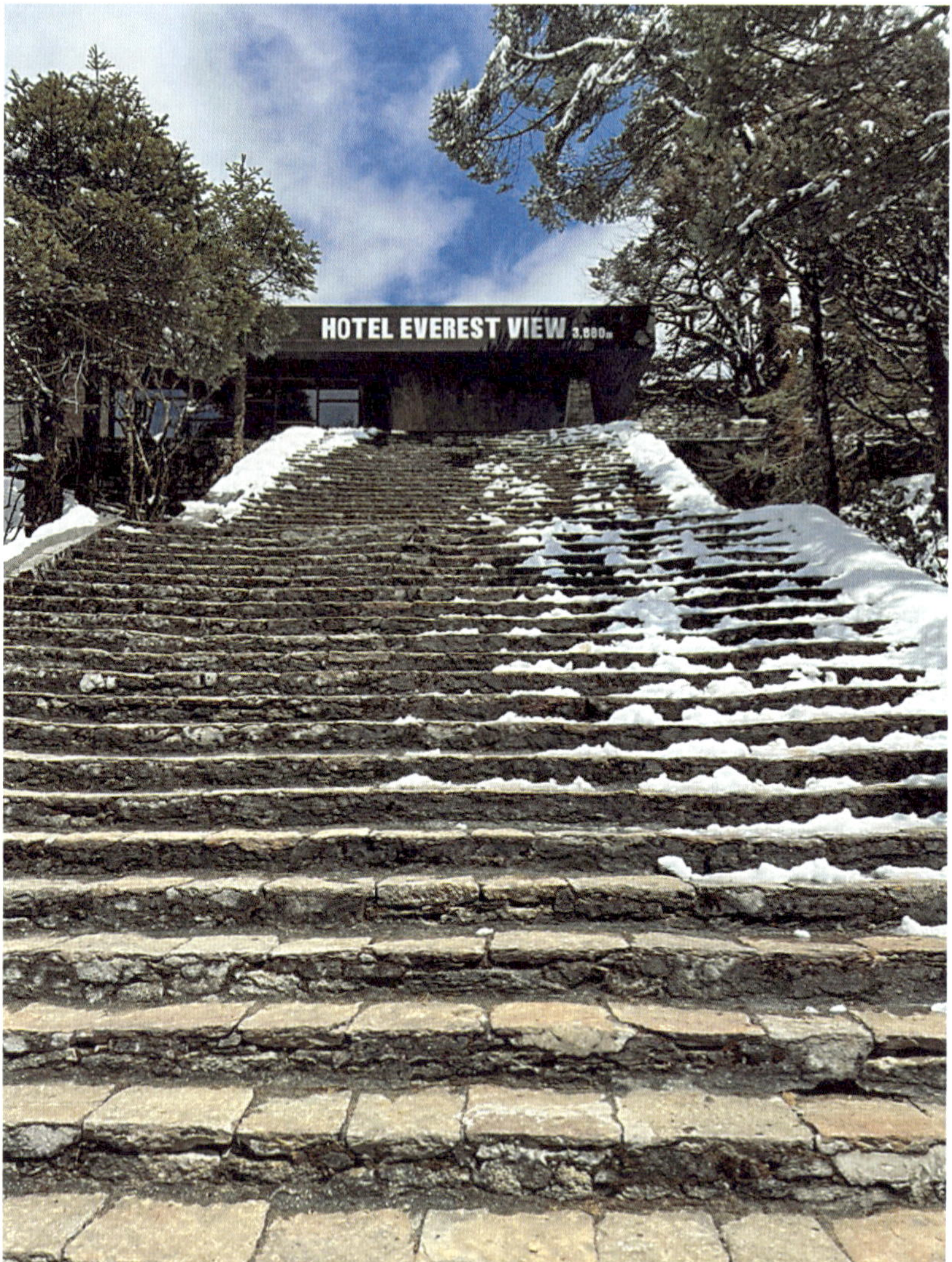

ホテル入り口前の階段は雪が積もり、ところどころ凍っている。

シェルパ族の故郷であるクムジュンの村。

牛がくわを曳いて耕す姿に足が止まった。

ホテル エヴェレスト ヴューの名物、日本食ランチ。

ら50ドルの罰金との張り紙がある。宿泊料が安い代わりに食事代で利益を得るのが、どこのロッジにも共通する経営方針のようだ。夕食後は寝袋に潜ってダウンロードしたドラマを見る。

2023年3月31日

今日で3月も終わる。山へ入って8日目、今のところ高所による体調不良は起こっていない。これから一番気を付けたい標高へ向かうから、何もないことを祈る。荷物の準備に取りかかった。ダッフルバッグはポーターさんが運んでくれて、自分は防寒具と飲み物や行動食を運べばよいのでとても助かっている。風のない少し曇り空の移動日だった。動けばそれなりに息が上がるけれど苦しくはなく、おおむね調子はいい。

3時間ほどでチュクン村のロッジに着いた。私の部屋は2階の角部屋で明るい雰囲気が気に入った。でもトイレは男女共用の洋式でとっても汚い。遠くても1階の和式のほうが綺麗だ。大は和式、小はボトルへするのがよいだろうと思った。中身の入ったボトルを持って建物内を歩いても恥ずかしくないし、誰もおかしいと思わない。紙は忘れずに首から下げて手桶で流すことにも慣れてきた。トイレの使用にはいつも工夫と対策が欠かせない。夕方にダイニングへ行くと30人ほどの人が席に着いていた。色んな国の言葉があちらこちらから聞こえてくる。メニューはここも同じで、価格は上がっている。朝食に続き、夕食にもまたモモを頼んだ。普段ならありえないが、他に頼みたいものがなかった。今日から4730mに3泊する。お腹にはガスが溜まり、鼻が詰まってきた。酸素飽和度は85に下がった。お願い順応して！と唱えた。

2023年4月1日

今日はエイプリルフール。ここにいると気の利いた嘘をつけるゆとりがないのが残念だ。昨夜は新しい標高になったこともあって、よく眠れなかった。それでもピーボトルにはたくさん出たから体が順応しようとしているのがわかる。今日は近くのチュクンリへ順応トレッキングに出かけ、ベースキャンプと同じくらいの高度を目指す。高度が上がるにつれて頭がキュンキュンと締め付けられる。足元の雪が解けたところにはエーデルワイスが咲いていた。心臓はバクバクと体を打ち、背中も少し痺れた。標高5380mくらいまで行き、しばらくそこですごしてからお昼にロッジへ戻った。ランチは敷地内にあるカフェでピザとモモ2個にカプチーノをいただいた。カフェは暖かく、トイレも綺麗で居心地がよい。やはりメニューはここでも同じ。種類はそれなりにあるけれど、なるべく野菜や肉などが摂れるものをと選ぶと、注文するメニューは毎回同じになってしまう。いつもは食べないものばかり。毎日ほぼ同じ食事でもそんなにつらくはない。日本にいる家族に食事の写真を送ると不味そうだといわれてしまうが、カレーやスープは見かけよりもずーっとおいしい。シャワーがなくなり4日目、髪の毛がベタつき始めて頭が少し痒い。

2023年4月2日

相変わらずこの標高では寝つきがよくない。残念なことに夜中ピーボトルで失敗。少し慣れると気が抜けてこういうことが起こる。高所順応中の今はまだ洗濯ができるが、登頂までには完璧にしておきたい。

朝食の定番はベジオムレツ。野菜不足とタンパク質不足をこれで補っている。今日も高所順応と高所靴慣らしを兼ねて歩く。なだらかな雪道を進むと短時間で標高5000mあたりについた。今回登頂に使用する高所靴を日本で試したら、両足の土踏まずに大きな水膨れができてしまった。他に靴の選択肢がないから足を保護して使うしかない。インナーブーツを替え、テーピングと靴擦れによいソルボバンを貼る算段とする。

いつものようにお昼にはロッジへ戻り、ソーラーパネルでタブレットなどを充電して隣のカフェですごす。日本にいる友たちとのやりとりがとても嬉しくて、まだ何も始まっていないのに目頭が熱くなったりする。ようやくロッジ生活にも慣れてきたけれど、不安と期待の狭間で精神が少し不安定なのだと思う。まだ苦し

パンボチェ村からショマレ村に向かう。

素敵なカフェで観光客価格のカプチーノをいただく。

朝食のモモ（左）と、夕食のモモ（右）。

2023年のエイプリルフールの景色。

カレーやスープは見た目よりもずっとおいしい。

ランチはピザとモモ2個。

い歩きは始まっていないのに、戦場の兵士たちはどんなに過酷な状況なのだろうか？などと考えたりした。

2023年4月3日

昨夜は夜中にとても体が熱くなった。高所順応を終えて今日はディンボチェの町へ降りる。2時間かからずに前回泊まったホテル チョモランマに着くと、荷物を置いてまず部屋のトイレ掃除をした。掃除されていない洋式便所なら和式のほうがずっといい。

前回この村へ来た時に気になっていた「カフェ4410」へ行くと、中は明るく広く、とても暖かい。支払いにカードが使えて、Wi-Fiカードは他より100ルピー[*]安い。窓から山が見えてくつろげる。宿泊する宿以外で食事をすると宿に50ドル支払わないとならないが、ペンバーと宿オーナーが親戚だから他で食べることを許可してもらった。明日いったんカトマンズに降りる。部屋に戻ってから、次回またこのホテルに来るまで使わないもの、つまり山頂に挑むためにベースキャンプへ持っていくものと、明日からも使うもの、そして持ち帰るものの3種類に荷物を分けた。山登りに来ているのに町に戻ることがとても嬉しい。

2023年4月4日

ホテル チョモランマでは、昨日までいたチュクンから標高が400mほど下がったのでぐっすり眠れた。ここの朝食には、他のロッジにはない蕎麦粉のパンケーキがある。チェックアウト後、お気に入りのカフェへ移動した。今日はヘリでカトマンズへ降りる。ヘリパッドはカフェの裏にあるので、中で待つのにもちょうどいい。日当たりのよい窓辺に座り、いつ来るかわからないヘリを待つ。カフェラテを飲みながら2時間以上待つことになった。今回の事前順応で、どこまで体が高所に慣れたのかはまだわからない。それでもロッジ生活や寒さなどは一度知っておけば、次に来る時のストレスが減っているはずだ。

＊1ルピー＝約1.1円（2025年1月現在）。

2週間の旅ではいつもヘリコプターの音がしていた。いつもなら騒音であっても自分が乗るとなると嬉しい音になる。カトマンズのホテルにチェックイン。まずはシャワーを浴びたい。自然の厳しさから解放されて潤沢なお湯に身を置くことは至福の時間である。

2023年4月5日

次に山へ入るための休養をとりながら準備を進める。まず洗濯屋さんにどさっと衣類を出した。料金は重さで決まり、455ルピー支払って受け取りは翌日。買い出しに行き、両替しておいしい物を食べる。ネット環境がよいうちにドラマや映画をたくさんダウンロード。

繁華街のタメル地区へ出かけ、ヘンリーとお昼を食べた。高所登山に欠かせない酸素タンクの充填や販売を牛耳っている有名人である。以前は何か怪しい商売をしていたとも聞くが、今や酸素の売人。高所では酸素は薬のようなもので、高くても安全で確かなものがみんな欲しいのだ。

エヴェレストへ向かう荷物の準備は着々と進んだが、疲れは少し遅れて出るようで、喉に違和感が出てきた。食べると下痢になる。寒い山から暑いカトマンズに戻ったことに、体が馴染めないでいるようだ。

2023年4月9日

先に高所順応を始めた私と、付き添ってくれた倉岡隊長に加えて、日本からAKKYとIKUが到着。ダイニングにチーム全員が揃った。朝食後はAKKYの誘いでダルバール広場のクマリ（生き神様）に会いに行くことにした。渋滞にはまり姿を現す時間をすぎてしまったが、中庭に入ると3階の窓から伸びをする感じで20秒ほど顔を出してくれた。クマリの撮影は禁止。クマリが外出できるのは年に一度のお祭りの日のみ。学校へも行かず、役割の終わりとなる初潮を迎える日まで館の中だけで暮らしているという。あとで知ったが、守人にそれなりの額のお布施を渡すと窓際に現れてくれるようで、団体旅行者がいる時がチャンスである。そんなチャンスに巡り会えたから何かいいことが起こるのかもしれないと期待が膨らんだ。

2023年4月10日

風邪気味のまま再びヘリでナムチェバザールへ飛んだ。この時期になるとよい宿から埋まり、私たちも前回のロッジの予約は取れなかった。事前に下見した宿で、電気毛布があってシャワー付きの部屋に2泊する。2回目のナムチェバザールの村を懐かしく感じた。段差のある村を散歩しても今回は体がこの標高に慣れて

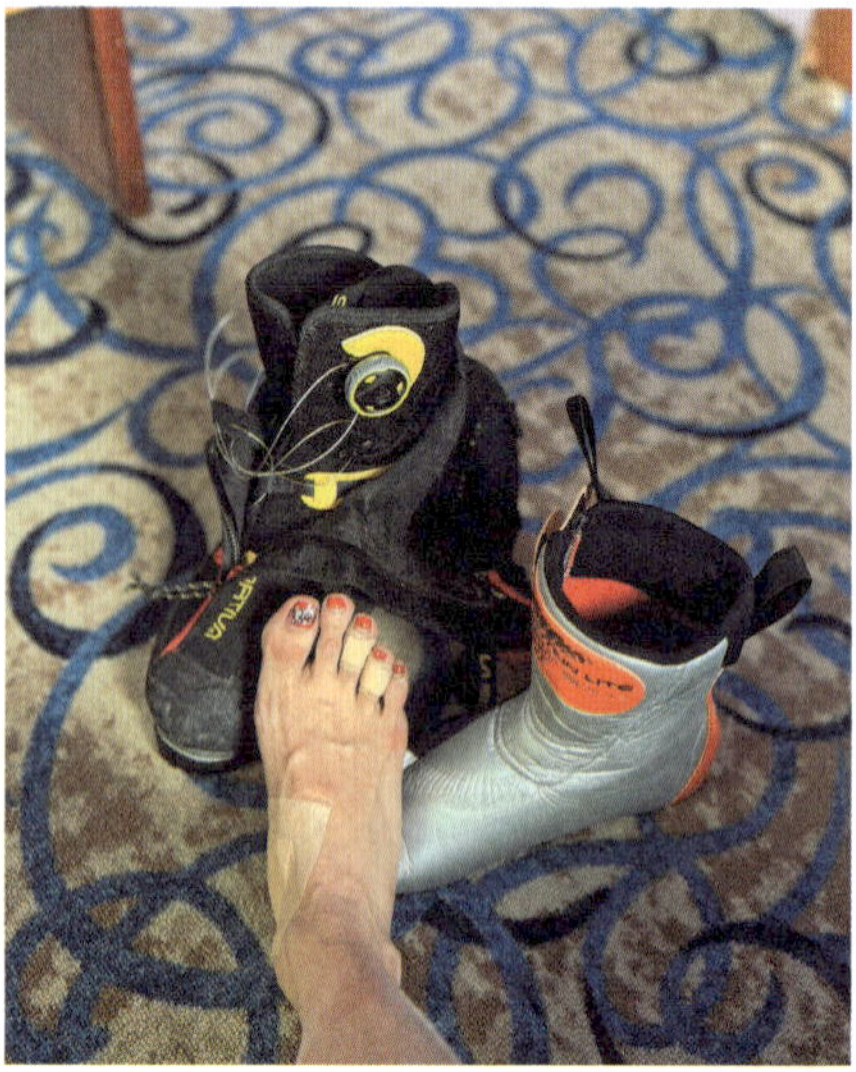

高所用靴を履くための準備。

スマートフォンやタブレットはソーラーパネルで充電。

いるので息は苦しくならない。喉の違和感が気になるので、薬局へ立ち寄りトローチを買った。1シート8錠で10ルピーとかなりの値段だ。舐めると舌がオレンジ色になってしまうけれど、痛みが和らいだ。

2日目は他のメンバーと別行動でペンバーと散歩した。途中で寺院に立ち寄ると僧侶が現れて部屋に招かれ、温かいお茶を用意してくれた。言葉はわからない。けれど私を見て大きくうなずき、ニコッとしてくれたので、彼に予知力があることにして、〝あなたは大丈夫〟と思ってくれたのだろうなどと勝手な妄想をした。午後からはロッジ脇にある素敵な窯焼きピザ屋さんで、夕方までくつろいだ。日当たりがよく、電源があり、ネットの繋がりもよい。窓の外では多くのトレッカーさんが息を弾ませて歩いている。向かい側のカ

クマリの館に行くと、幸運にも窓から顔を出してくれた。

ホテル エヴェレスト ヴュー。このままここに泊まっていたいと思ってしまう。

フェへ目をやると、偶然にも前回のエヴェレストで会ったアンドレアスのチームがテラスで食事をしていた。こういうところで知り合いに会うと気持ちがグッと上向く。風邪はまだ治っていないが、少しよくなってきたようにも感じる。ペンバーは完全に風邪をひいていて鼻声で咳もしている。ロッジにはたくさんのグループがいて、やはり咳をしている人が数名いる。夕食前にチームのみんなでコロナウイルスの抗原検査をした。メンバーの一人が日本を出る時に感染した人との食事会をしたから日にちを置いて検査しようということになったが、全員陰性だった。標高が上がる前にこの私の喉もなんとかなって欲しいと切に願った。

2023年4月12日

昨夜はよく眠れて体調が少しずつ回復しているように思える。今日はクムジュンの村へ向かう。一度歩いた道だから心のゆとりを持って移動できた。ただ今回はメンバーが増えて、写真を撮ったりするのに前に来たり後ろに行ったりと少し落ち着かない。2度目のホテル エヴェレスト ヴュー。室内は寒くても広い部屋から見える景色が素晴らしい。そして掃除が行き届いていることが何よりも嬉しい。和食ランチは前回の経験から塩分控えめで作ってもらった。目的を忘れてはいないが、このままここに泊まっていたいと思ってしまった。矛盾するさまざまな気持ちが心に浮かぶ。このホテルを出たらたくさんの試練が待ち受けているだろうから、ここでは気持ちをゆったりさせて少しでも体調が上向くようにしておこう。

2023年4月13日

素晴らしいホテルに泊まっているのに、昨夜は眠れなかった。また咳も出始めた。今日ディボチェへ向かう。移動に時間がかかる道のりなのに、体調がイマイチだ。これから歩く道は一度来ているから気分的に不安がないのがせめてもの救い。お昼を食べる宿は今回混雑していて、注文後40分くらい待った。峠にあるこの宿から先は登り道が続く。標高による息苦しさはなくても、前日よりも歩くと苦しく、咳が出る。具合が思わしくない私とは別に、他のメンバーはとても元気で、その雰囲気の中にいるだけでうんざりして、つらさが倍増した。楽しみにしていたタンボチェのカフェでは、チョコレートドーナツが売り切れ。あんなに綺麗だったトイレは紙が詰まり流れない状態で、色んなものが溢れていた。写真を撮る余裕がないまま、ディボチェの宿についた。ここの女将さんは以前に会っているから内緒でヘアドライヤーを借りて、気温が下がる前にシャワーに入った。

夕方になると、この宿でも前回より大勢の人たちがダイニングに集まってきた。夕飯は勿論ダルバート。

2023年4月14日

ディボチェの宿では前回同様、よく眠れた。しかし朝起きて枕を見ると黄色いシミがあり、寝ている間に鼻水がかなり出てしまったようだ。人が入れ替わるごとにリネンの交換はしないし、洗濯ができないこともわかっている。汚してしまったことが申し訳なくて枕カバーを外してシミがわかるようにベッドの足元に置いた。

今日は標高3900mのパンボチェの村へ移動して、前回下見した宿、ハイランドドシェルパリゾートへ向かう。移動はそれほど長くないので気持ちも楽だ。ここから先の宿では蛇口からお湯が出ず電気毛布もなく、充電にはお金がかかる。部屋に入ったらまずトイレ掃除をして棚などを拭くのが私の決まりごと。お昼ご飯は毎日同じようなものを頼み、夕食もほぼ決まってダルバート。ここでも村の人やシェルパさん、トレッカーの人がかなりの率で咳をしている。私は蜂蜜に加えてプロポリスを喉に2滴垂らすことで痛みがかなり治った。喋ったり刺激物を食べたりしなければ咳は出ない。今日の私の祈りは、もっとよくなれ私の体調！

2023年4月15日

今日はお寺に寄って安全祈願をしてからディンボチェへ向かう。寺の中は日陰でとても寒い。ペンバーはお寺や僧侶さんをとても大事に思っていて、かなり信心深い。だからお布施も気前よく渡している。私たちも一人2000ルピー渡し、祈祷のあとに一人ずつカタ（マフラーみたいなもの）をかけてもらった。じっとしているとさらに寒くなり、風邪が悪化しそう。心の中で体調がよくなることしか考えていなかった。1時間ほどのお祈りは試練の一つにも感じた。

埃っぽい道を歩いていると鼻水だけでなく咳や痰までも出て、体調がよくなっているのか悪くなっているのかわからない状態だ。そんな状態を他の人には話せない。

お昼を食べたら今日泊まるホテル チョモランマへ向かった。平らな道はよいが、段差があるとやはり息が苦しい。どこもかしこもトレッカーたちで溢れている。泊まるロッジも部屋は満室。ダイニングに陣取る団体客は、にぎやかを超えて、うるさい。宿のオーナーはペンバーの親戚だから、混雑時に色々と優遇されて助かった。夕食はもちろん今日もダルバート。ここのカレーはスパイシーで炎症のある喉には刺激が強い。その刺激にむせ返り、呼吸困難になるような咳が出て涙目に。誰が助けてくれるわけでもない、こんなことに負けてはいけないと自分を奮い立たせた。今夜の祈りも、早くよくなれ、なれなれ、なる！

2023年4月16日

昨日はよく眠れた。振り返ってみると眠りのよい日とそうでない日が交互にあるような気がする。この宿での朝食はベジオムレツと蕎麦粉のパンケーキ。今日はチームと別行動。コックのアンプルバと山歩きに行く。体調は不完全のまま、バックパックはアンプルバに持ってもらい少し上まで行くことにした。宿の裏から山道に入り、町が見渡せるところまで上がった。彼の歩みはペンバーと比べるとかなりゆっくりだったが、今の私にはとてもよい。急に止まったりすることもなく一定に歩く速度も私にぴったりだ。一人歩きに集中できた。軽快に動けて心も軽く、鼻をかみ、痰を出しながらでもそんなに苦しくない。

思ったよりも高いところまで行き、帰り道の途中で体の中に何かが降りた感覚が起こった。何だろう？とてもよい感覚で、今日は行けるという力が湧き上がった。体調が崩れてからというもの先の見えない暗いトンネルの中を歩いている気持ちだった。そこに光が見えて、ようやく希望が持てた。ここ数日は、体のつらさとやるせない気持ちで、どこで下山するか、救助ヘリはどこまでくるのだろうかと不安ばかりだった。だからこのわけのわからない感覚が嬉しくてたまらない。

料理担当のアンプルバは、歩くのも上手。

宿が散在する、埃っぽいロブチェの村。

昨日はインドの団体客がうるさすぎてオーナーが夜に彼らを宿から追い出した。驚いたけれど宿には安らぎが戻った。売り上げが減ってもマナーの悪い客は要らないとはペンバーの親戚はなかなかの強者である。明日は標高４９００ｍの村へ移動する。今日の歩きがやりすぎでなく、よい結果に繋がるようにと手を合わせた。アンプルバ、今日はありがとう。標高５１００ｍまで行けた！　料理だけではなくて歩くのも上手！

２０２３年４月17日

昨晩はよく眠れて、トイレに起きる回数が少なかった。朝方の気温は下がり、トイレの水道管が凍って水は出ない。いつもの朝食を食べたら今日はロブチェの村（標高４９００ｍ）へ移動する。前回は行っていない村を初めて訪れることになる。歩き始めると、今日もみんなとはペースが合わない。他の人は元気だが、私はまだ風邪が治っていない。体調が思わしくないと、誰かがずっと喋り続けている声が聞こえるだけでも鬱陶しくてならない。イライラしてしまう心理状態がさらにつらい。途中の広い丘に、山で亡くなった人たちのお墓がたくさんあった。みんなは知っている人や日本人のお墓を探しに歩き回っていたけれど、私は少し離れた岩に腰かけて休んだ。エヴェレストで行方不明になった人や有名登山家のお墓がある。これから向かう山で亡くなった方たちの墓標のそばにいるだけで何ともいえない気持ちになり、涙が出てしまった。

ロブチェの宿に着き、夕食までは荷解きをしてゆっくりすごした。夕方にダイニングへ下りて行くと多くの人で埋め尽くされ、席を探すのも困難な状況。まだ新型コロナの感染が収まったわけではないので、食事は早めに済ませてすぐに部屋に戻った。ペンバーにお願いして念のために酸素タンクを枕元に持ってきてもらった。あえて使用して早く体調を取り戻すのも策かもしれない。

２０２３年４月18日

昨晩の眠りはよくなかった。新しい標高に来たからか？　メンバーに対するイラつきが頭にたくさん浮かんでしまったからなのか？　酸素タンクに何度も手が伸びそうになったけれど、使わないで済んだ。そんなことがあって朝から少し頭痛がして、鼻詰まりで苦しい。朝食後、メンバーと別行動で裏山へ順応に行く。青空が広がり風も穏やかだ。山歩きを久々に楽しく感じ、気持ちが少し上向いた。

今の私はちょっとした刺激で咳が出る。出るとしばらく止まず、むせ返ってしまう。カフェの外へ出て咳き込んでいたら、ロッジのスタッフが「大丈夫か？　とにかくたくさん水を飲んだ方がいいよ」と声をかけてくれた。ありがとう！といいながら、声をかけてくれたことが嬉しくて、涙が込み上げた。メンバーはみんなそれぞれ自分に集中し、誰も大丈夫かとは聞いてくれないので、優しい言葉に思わず緊張が解けた。

スーパーデラックスの部屋は明るく窓がある特別仕様だが、仕上げはベニヤ板に布が貼られただけ。だから話し声が筒抜けで誰かが廊下を歩けば揺れる。トイレは水浸しでそれ以外のものでも汚れている。暗くてわかりにくいのがせめてもの救い。便座に座れず、中腰スタイルの使用は筋トレになる。今夜もお守りの酸素タンクを枕元に置き、耳栓をして休む。今宵の願いは、鼻よ詰まるな！

2023年4月19日

夜になると咳が止まらず、寝不足のまま朝を迎えた。今日は5300mのベースキャンプへ向かう。立ち寄ったゴラクシップ村の食堂での昼食は、人のざわめき声が耳に障り、隣の方々の体臭が強くて鼻がびっくりしてしまった。食欲がわかないのでペットボトルのお湯を注文して、日本から持参したお粥と干し柿を食べることにした。お湯はすぐに出てきて10分くらいで食べることができた。私が食べ終わってもみんなの食事はまだ出てこない。ゆっくり歩きたい私は一人のシェルパさんと先に出発することにした。平らな道なら苦しくないが、登りがあると息が切れる。景色を楽しんだり、写真を撮ったりする気力も出てこない。最後

ロブチェでは青空が広がり風も穏やか。山歩きを久々に楽しく感じた。

の丘を進んでいたら、前からシェルパさんがお菓子とお茶を運んできてくれた。これは本当に嬉しい。

辿り着けないかもしれないと思っていたベースキャンプ。近づくにつれて人も増えて、数歩歩いて止まる人や魂が抜けかかった人たちを追い越して、ようやく入り口に着いた。大きな岩があり、これはエヴェレスト街道をトレッキングしている人たちの山頂にあたる。標高が書かれたところで記念撮影が繰り広げられていた。さらに進むと、入り口近くに私たちのキャンプ地があった。広いダイニングテントで一息つき、お世話になるシェルパさんたちにご挨拶。私たちにとってはまだ始まりの地点。それでも私はここまで来られるかどうかが怪しい体調だったので、嬉しくてならない。食事は今夜から和食風になる。

ベースキャンプ手前の岩が、エヴェレスト街道トレッカーの山頂。私たちはこれからが本番。

ベースキャンプでは、氷河に載った岩の上にテントを張る。

2023年4月20日

昨夜は何度か目が覚めたが、それなりに眠れた。岩の上にテントを張っているので、床はゴツゴツとして平らではない。マットを敷いても体が何度もずり落ちて、うまく留まることができない。夜間の咳は減り鼻水はまだ黄色っぽいが、喉の痛みは無くなった。体調が少しよくなり、他のメンバーとも話ができるようになってきた。今日は久々に髪の毛を洗ってすっきりしたが、なぜかフケが出る。

テント内の荷物を整理し、マットや荷物の置き方を工夫したら快適になった。ちょっとした動作にも息が切れる。合間には日本から送った食材やお菓子類を眺めたり、Ｗｉ－Ｆｉの券を買いに行ったりした。食事の味も悪くない。キッチン担当のシェルパさんが張り切って色々なおかずを作ってくれるのはとても嬉しい。夕食後、20時30分頃に湯たんぽと朝までの飲み物を作り、自分のテントに戻った。湯たんぽを寝袋に入れて、体半分は上着を着込んでダウンロードした海外連続ドラマを何話か見て、寝袋の周りに飲み物とピーボトルを置いて22時前に横になった。

2023年4月21日

朝の気温はマイナス10℃。昨夜もそれなりに眠れて、咳が減り、痰も鼻水も治まってきた。夜間のおしっこの量が増えて、標高に体が慣れてきたようでもある。体調が少し回復するだけで、こんなに気分が軽くなるなんて。笑みすら溢れてくる。今日やることは寝袋の位置調整と、手袋の穴を縫う、下着類を着替えるなど。何かに書いておかないとやりたいことを忘れてしまう。お茶を飲んではトイレに行き、ドラマを見てのんびりする、私はこのダラダラ生活が意外に好きなようだ。身の回りの色々なことはシェルパさんたちが引き受けてくれて、とてもありがたい。でもおでん風の煮込みにはニンニクを入れないでと頼んだ。

2023年4月22日

プロペラ音に叩かれるように起こされた。ヘリコプターが飛んで来たということは、今日は天気がよい。ベースキャンプに来て4日目、テントの外は昨日から降り続いた雪が20cmほど積もっていた。荷上げのポーターさんとヤクもベースキャンプへ続々とやって来る。

朝食後、バケツにお湯を運んでもらいシャンプーした。曇りの日だと髪が乾かないので天気がよい日は必ず洗うようにしたい。今日は洗濯日和でもあるから、まとめてシェルパさんにお願いした。固形石鹸を使って一枚ずつ手洗いしてくれる。汚れていないようでも生地の織り目からたくさんの埃が出てすすぎの水は黒くなっていた。鼻水が透明に変わり、咳は昨日よりも減った。痰はまだ出るが、回復に向かっていると感じる。でも今日はお尻が切れた……こんな時は日本から持ってきたサニーナのお尻拭きが役に立つ。雷の影響でWi-Fiが繋がらず、充電もできないけれど、もう少し高いところへ行きたいという意欲が湧いてきた。日中の酸素飽和度は85で心拍数は88と上がっていても息が切れる感じではない。夕食後にシェルパさんの自己紹介があり、みんなの名前を頭に叩き込んだ。登るためには、彼らの力が絶対に必要だ。

2023年4月23日

空を見上げると真っ青に澄んでいた。今日は登山の安全を祈願する〝プジャ〟が執り行われる。祭壇に登山靴や道具を供え、登山する人とともにお坊さんが祈祷してくれる。シェルパさんたちはこの儀式をとても大切に思っているので、その想いを大事に受け止めながらも時間は短めでと頼んだ。太鼓やシンバルの拍子が始まり、お経が唱えられた。特別な木を焚くと大量の煙が立ち昇り、激しく咳き込んでしまう。そういえば、下のお寺の儀式では寒さをこらえた。大事な儀式には多少の苦しみを伴うのかもしれない。顔に粉を塗

ベースキャンプに来て4日目。昨晩から降り続いた雪が積もっていた。

ヘリコプターのプロペラ音で起こされた。ということは、今日は天気がよい日。撮影／AKKY

安全祈願のプジャの儀式が執り行われた。

られ、首に紐を巻いてもらう。お米を全員で空に投げて乾杯をして、ひと通りの儀式が終わった。

午後はベースキャンプ内の散歩に出かけた。話には聞いていたけれど、他の隊のキャンプの規模とその設備に驚かされた。まず、テント前の道や公共スペースの床が平らだ。個人用の広くて豪華なテントを覗くと、ベッドには電気毛布、ソファーやストーブも置かれている。標高5300mでも歴然とした格差。私たちはみな、コロナ禍のなかトレーニングや準備を重ねて渡航してきた。経費の高騰に円安が加わり費用の工面は大変。少ししゅんとなった。でも次の瞬間、こぢんまりした私たちの隊だが、上のキャンプ地での予習になると思えばいいということで一致団結。コロナ禍の間に他のエージェントのサービスが変わり、私たちはそれにには取り残されてしまっただけ。メンバーの経験は豊かで、シェルパさんの実力にも信頼がおける。チベット仏教の神様に祈りを捧げ、たくさんのお布施をした。お坊さんにはバックパックに詰まった各隊からのお布施の札束を背負って無事に下山して欲しいと願う。

2023年4月24日

高所順応のため、プモリ*のキャンプ1までトレッキング。数日ぶりにベースキャンプを離れて歩き出すと、先日降った雪で岩場が覆われ、足を置くところがわかりにくい。先頭から遅れることを気にせず、呼吸に集中してペースをつかんだところで標高5650mにある目標のキャンプ1に着いた。昼食用に作ってもらったおにぎりを食べてから、私たちについて来た黒犬と一緒にベースキャンプに戻った。

夕食には久々にモモが出た。今日のモモは水牛を使ったものだという。夕食を食べたら気になっていた頭痛が消えた。しかししばらくしたらお腹が急降下！　風邪に始まり痔になってからの今度は下痢！　さまざまな体調変化に次から次へとやめてくれーと思いながら、なぜか笑いがでてきた。

＊プモリ　エヴェレストから約8km西に位置する標高7161mの山。シェルパ語で〝未婚の娘〟を意味し、〝エヴェレストの娘〟とも呼ばれる。

2023年4月25日

昨夜はしっかり眠れた。夜間にトイレに目覚める回数が少なかったから寝起きの顔はむくんでいる。今日はベースキャンプで何もしない日。お昼前にかつてアコンカグアで出会ったインドネシアのワヤンが遊びにやってきた。高所の山で知り合った人とは、違う山で再会することが多い。午後にはインドからのカップルが突然現れ「私、日本が大好き！住んでたこともある。私たちのテントはすぐそこだから遊びに来て！もっと日本語しゃべりたい！」と一方的に話して立ち去っていった。嬉しい出来事ではあったけれど、ここへ来るまでの間のロッジで賑やかすぎるインドのグループに少しうんざりしていたので、あまり真摯な対応はできなかった。今日はただただぼんやりと出された食事を食べ、他の人と会話をする一日だった。

2023年4月26日

プモリのキャンプ1に泊まりで行くことが朝決まった。5食分の食事を選び、必要な荷物を作る。こういう急な荷造りは、私の場合、薬や衛生用品などの準備があるからどうしても時間がかかってしまう。昨日みたいに時間がたっぷりある時に知っていたらよかったのに！と考えても仕方ないので、慌ただしく準備をしてベースキャンプを出発した。歩き出すと一昨日よりも楽に動け、早い時間で着くことができた。シェルパさんたちが私たちのテントを設置してくれ、重たい水を運んできてくれた。午後はさらに上へ歩きに行って、およそ5900mの地点からキャンプ1に戻った。少し目の前がクラクラし、あくびが出て、軽い頭痛もある。高所には簡単には慣れないとつくづく感じた。夕方になるとクラクラ感が増して頭が重くなるだけではなく、鼻も詰まってきた。夕食にはフリーズドライのカツ丼を選んだらとてもおいしくて、それを食べたら体調が少しよくなった。この場所はヘリの音が聞こえなくて、久々に静かな山の生活となった。

なぜか私たちについてきた黒犬と一緒にベースキャンプに戻った。撮影／AKKY

〝エヴェレストの娘〟と呼ばれるプモリは円錐形の美しい山。

高所順応のため、プモリのキャンプ1に2泊した。

2023年4月27日

約4リッターのピーボトルは朝までにほぼ満杯。これは高所に慣れてきた時の反応である。

朝食はホッケの缶詰とアルファ米を食べて、10時30分頃にハイキャンプへ向けて出発。テント場を留守にするとそれを狙ったカラスが食品を奪いにくるので、食べ物はダッフルバッグの中にしまう。確かに私たちが歩き始めたら、カラスが様子を窺《うかが》いに飛んで来るのが見えた。いつものようにゆっくり歩いて目的のハイキャンプ（5800m）に着いた。ぼんやりと景色を眺めながら40分ほどすごしてキャンプ1に戻った。食事もそれぞれのテントで。私のお昼はフリーズドライの親子丼とアルファ米。私たちが休んでいる間にも2人のシェルパさんは頂上へ向けてのルート工作のため、さらに上へと登っている。午後2時からは霰《あられ》が降り出し、テントにぶつかる音がする。隣には別チームのシェルパさんたちがベースキャンプから上がってきて、テント場が賑やかになってきた。夕食はフリーズドライの豚汁に、大好きな「きのポックル」のきのポックルカレーを食べた。血液の混ざった鼻水が喉に流れてまだ咳が出る。他のメンバーはとても元気で、お喋りが気になってならない。どうしたら気にしないでいられるのかと長い時間考えたが、答えは見つからない。酸欠の脳で考えても名案は浮かばないと電子書籍を読んで夜をすごし、20時すぎには眠ってしまった。

2023年4月28日

2泊目の朝は7時にお湯を準備してもらい、朝食はシャケの缶詰に豚汁とアルファ米。このテント場にはトイレがなく、隠れるような場所もないので、みんながテントに入っている合間を見計らって適当な場所で済ませることになる。今日でキャンプ1での2泊の順応が終わり、ベースキャンプに戻る。荷物をまとめながら、AKKYとIKUと私の間で、シャワーの順番を巡る言い争いが勃発した。睨みながら完全に怒った口調で「3番目でいいですよ！」と言い放つと、今まで溜まっていた鬱憤がまとめて吐き出せたので、なんだか気持ちがスッキリした。順番は問題ではなく、洗った髪を乾かすのに早めの暖かい時間がよかっただけ。結局、あとから「先に使う?」と聞いてくれたり、私のシャワーが終わるまで昼食を待ってくれたりして、すぐに仲直りした。

ベースキャンプに戻ると、この3日間はフリーズドライ食と缶詰生活だったので、調理された食事にいつも以上に感激してたっぷり食べた。標高が下がったから体がとても楽に感じるけれど、酸素飽和度は75と低め。早めに自分のテントに戻ってすぐに横になった。

2023年4月29日

15日間、全身にお湯を浴びていないので、体からは白い粉がふいている。今日は腕と足をお湯で流し、保湿剤をたっぷりと塗った。

登頂前の最終高所順応は危険なアイスフォール*を避けてプモリに登る予定だったが、プモリの山の状態が悪く登れなくなった。結局、最終高所順応でアイスフォールを通過することになった。

先週ルート工作に向かった先発隊のシェルパさん3人がアイスフォール通過時に足元が崩れ落ちて行方不明になったまま、いまだに見つからないという。それでもここにいる登頂希望者は私たちを含め登ることを今は断念していない。夜寝ていると、遠くのほうで雪か氷が崩れ落ちる音が聞こえてきた。

2023年4月30日

私たちのキャンプサイトは細長いベースキャンプの入り口近くにある。村から歩いて来る時には近いけれど、エヴェレストに登りに行くには遠くなる。今日はアイスフォールの入り口まで行く。ベースキャンプを端から端まで歩き、ハーネスやクランポンを付けて少し登る練習をする。ベースキャンプの足元は岩や大き

*アイスフォール　氷河の末端で、高低差は約700m。崩落事故がひんぱんに起きる最も危険な場所の一つ。

ルートの最も危険な箇所の一つ、アイスフォール。撮影／AKKY

夜中に、キャンプ1への移動が延期になった。

満月の夜、キャンプ1を目指して歩く。

な石がゴロゴロとしていて、高所用の靴だととても歩きにくく、今までの散歩のようにはいかない。アイスフォール下へ向かう手前の開けた場所には登りに行く人の他に観光客などが30人ほどいた。観光の人たちは雪壁の前で記念撮影をして笑い声が湧いているけれど、登山の人たちはほぼ無言で黙々と歩いている。休憩しながらハーネスをつけて、雪が解けた沢を何度か渡り、傾斜の手前でクランポンを履いた。そこから先は氷と雪の斜面が続き、アイスフォールの始まりから突如、ほぼ垂直の雪氷の壁になった。そこからはロープにアッセンダーをセットして、壁の凹みに足を乗せたり蹴り込んだりして体を上げてゆく。

4年ぶりのアセンディングは垂直壁から始まったが、やってみると体が思い出したようで、息苦しいが楽しいという感情が起こった。今までやってきた成果を実感してたまらなく嬉しい。いくつかのフィックスロープを登り、ロープの架け替えの登り降りをして、最後は懸垂下降で今日の練習を終えた。

お昼を食べてくつろいでいると、日本からのメールと家族からのＷｉ-Ｆｉ電話があった。ちょっとした話やメールにとても励まされて、心も体も軽くなり、嬉し涙が出た。気持ちが乗ってきて、一歩ずつ上に行けたらいいなと希望も持てた。４月最後の日、山生活が１ヶ月以上経って、今日が一番幸せな日となった。

２０２３年５月２日

雪が降り続いている。Ｗｉ-Ｆｉの繋がりも悪い。ベースキャンプで売られているＷｉ-Ｆｉカードは10ＭＢで２００ドル。動画や大きな画像をダウンロードすればあっという間に使い切ってしまう。現金しか使えないのでシェルパさんたちへのチップが足りなくなってしまいそうだ。

日本を出発して１ヶ月と10日、風邪症状はすでに３週間が経過した。なんだかここにずうっと暮らしている気持ちになってくる。このところ毎日の日本との通話で気持ちがほぐれて、なるようにしかならないと割り切る思いが湧いてきた。お昼にはロシア隊のアレックスに４年ぶりに再会。そして残念な知らせが舞い込んだ。キャンプ2で高所順応中のアメリカ人医師が心臓発作で亡くなったという。これから私たちも向かう6500mのキャンプでの事故である。高所での事故は気をつけていても避けられないこともあるし、気合や頑張りではどうにもならないことが多い。今やることはシェルパさんたちに運んでもらう食糧の準備。破裂予防のためフリーズドライの袋に針を刺した。

2023年5月3日

朝は髪の毛を洗って荷物の最終確認。夕飯を済ませ夜中の1時まで仮眠して、2時にベースキャンプを出発することになった。荷造りにかなり時間を取られ、気持ちが焦る。ところが0時にペンバーがやって来て雪でキャンプ1行きを延期するという。なんだか嬉しくて朝までぐっすりと眠ることができた。私はエヴェレストに登りたいのか、登りたくないのかと自分の中に不思議な葛藤がある。

2023年5月4日

最終順応が深夜に延期となったことで精神的な緊張が緩み、今までで一番熟睡できた日になった。今日も夕食後に仮眠をする。今宵は天気がよく、24時に起きて再出発の準備。装備などを身につけてプジャの祭壇に立ち寄ってから歩き始めた。

2023年5月5日

満月に照らされた夜空と氷河はとても幻想的だ。夜中に出発するのは、日中に比べて気温が低く、危険なアイスフォールが崩れにくいから。今回の移動では私の荷物は2人のシェルパさんが手分けして運んでくれたので空身で歩く。とにかく早く行動することが肝心だが、標高6000mとなると動けば息が上がってし

クレバスに渡された梯子を渡る。

アイスフォールを登り切ると、氷の壁を登っている人の列が見えた。

標高6500mにあるキャンプ2。

まう。だんだんと陽が昇り、あたりが青白くなってきた。アイスフォールを登り切ると広大な雪原とその先に歩く人たちが氷の壁を登っている列が見えた。クレバスに渡された梯子を渡り、何度か氷壁を登り降りして8時間近くかかってキャンプ1に着いた。外の気温は低いけれど、テントの中にいるととても暑くて、睡魔も襲ってくる。順応するためにはすぐに寝ない方がよいので、必死になって重たい目を開けていた。お湯を作ってもらってフリーズドライの食事をしたり、水分補給をしたりしていたが、眠すぎてもう何もできない。必死になって睡魔と闘う半日は、これもまたなかなかの修行だ。トイレはお尻を出すと凍りつく感じだった。

夜中じゅう風が強く、起きている間は細かい氷がテントを打つ音が聞こえていた。夜中までは一度眠れても、そのあとは息が苦しくて、深呼吸をしながらただ横になって朝を待った。

2023年5月6日

7時にキャンプ2に向けて出発することになった。外に出るとさらに寒く準備をする手がかじかみ、一人でハーネスを履くことができない。クランポンを履くのもペンバーの助けを借りて、自分では何もできない人になっていた。歩き出すとクレバスを渡る梯子がいくつもあり、2時間ぐらいとても慎重に行動。

進むにつれて視界が広がり、左手の向こうにテントが見えてきた。もう近いのかと思ったけれど、そこからがとても遠く、標高6500mになるにつれて歩く速度は落ちていく。日差しが強くて暑い中での移動はまた違った大変さがあった。私たちのサイトはキャンプ2の奥の方にあった。重たい一歩に深い一息。これからさらに上のキャンプへ行くことが想像もつかない。それでもキャンプ2に辿り着けて嬉しい。

2023年5月7日

２日目は休息日。標高６５００ｍのキャンプ２には個人用テント、ダイニングとキッチンテント、トイレのテントが設営されていた。到着してしばらくはダイニングの椅子に腰かけて呼吸に意識を向けた。酸素飽和度75％で心拍数は87。顔のまわりが痺れている。

ダイニングで休んでいたら、キッチンから作りたてのポップコーンをもらった。おやつをほおばる私の脇で、シェルパのミンマはバックパックに酸素タンクを5本詰めている。25kgを背負って夜に最終キャンプ地のサウスコルへ運ぶという。私の頭がくらくらしている間にも登るための準備に余念がないシェルパさんには感謝しかない。今ここにいるシェルパさんは山頂へ向かうメンバーで、強者の中の強者さんである。

午後からダウンワンピースを着たままでのトイレの練習をし、飲み物を胸の内ポケットに入れて、登頂日をイメージしてすごした。食事は温かい状態で運ばれて来ても、気温が低いからすぐに冷めてしまう。それでも食後は酸素飽和度が下がって体が痺れるから、急がずよく噛んで食べた。

登頂の時は、ベースキャンプからこのキャンプ２まで１日で登る予定だ。今回の行動時間を計算すると、半日以上かかるだろう。時間があると頭には不安なことが浮かんでくる。咳と痰はかなり治って、その代わりにお尻がかぶれてきた。そして何か、力の湧いてくるものが体に降りてきた。

2023年5月8日

一晩中強風でテントごと飛ばされそうな勢いだった。初めてキャンプ２の中を歩く。氷河に出ると時々突風が吹き、そのたびに足を止めて耐風姿勢になっては進んだ。今までの雪山での体験がよみがえり、何かの力が気持ちを持ち上げてくれる。呼吸が落ち着き、歩いていると嬉しさが込み上げ、目には涙が溜まってきた。前が見えなくなるじゃないかと自分に怒りながら、がんになったことや体調が大変だったことなども一気に思い出した。結局、風が強すぎて、目的としていたローツェフェース*の取り付きまでは行けなかった。

＊ローツェフェース　ヒマラヤ山脈ローツェ山の西側にある高さ1125ｍの氷壁。

2023年5月9日

キャンプ2で3泊し、4日目の今日はベースキャンプへ戻る。荷物の整理をしたくても、寒さで手がかじかみ、やる気が出ない上に力のいる動作に息が苦しくなる。まずはキャンプ1を目指す。太陽が出てきて暖かくなると幸せを感じ、キャンプ1が思っていたよりも早く見えてきた。アイスフォールの危険箇所を早足で通過し、2回の休憩をしてベースキャンプまで降りた。ここが安らぎの場所になってきた。キャンプ2へ行けたことは天にも昇る思いだった。そこから上は、行けるとこまで行けたらいいや。

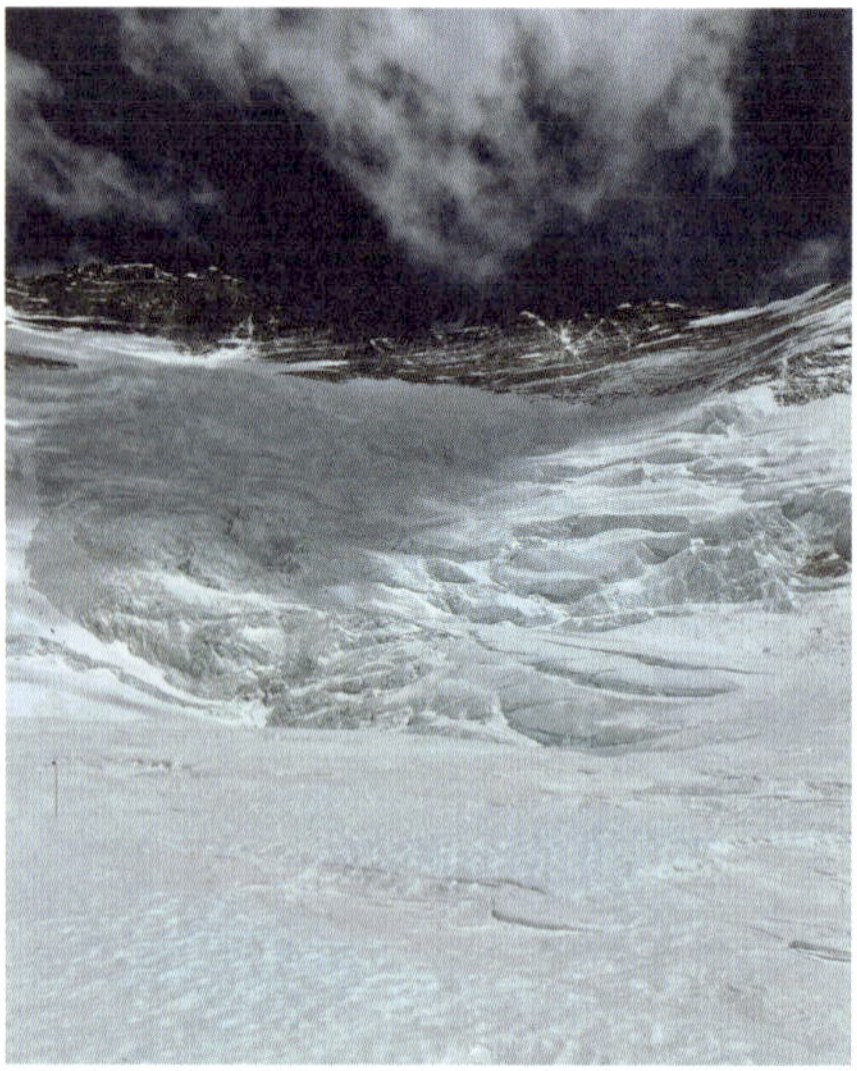
強風のなか歩いているうちに、さまざまな感情が込み上げた。

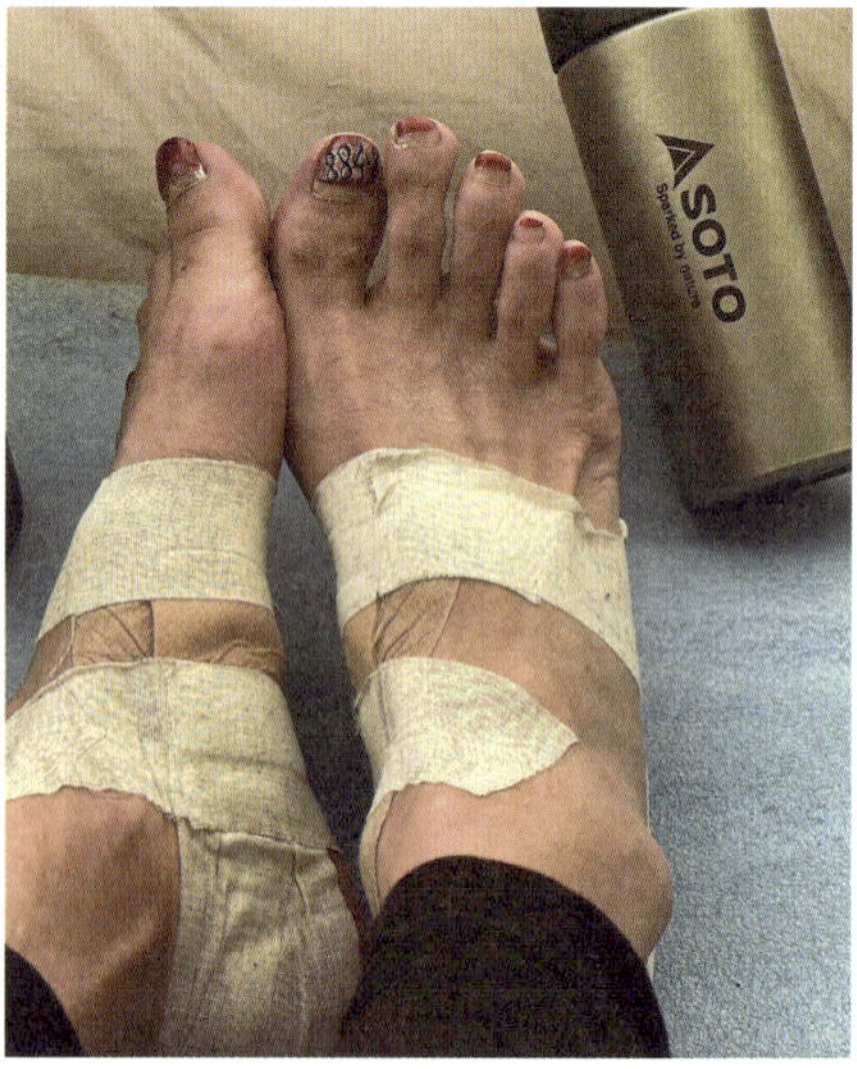

今回もペディキュアにエヴェレストの標高8849mを描いてもらった。

2023年5月10日
初めてのキャンプ1とキャンプ2での生活は、呼吸が苦しいだけでなく、日照りの暑さと日没後の寒さに加え、ジェットストリーム*の天気に見舞われた。とにかく今はベースキャンプでゆっくりしたい。食事もとてもおいしく感じるし、髪の毛を洗えば身も心もスッキリ。初めの頃の苦しいベース生活が、今では楽園。

2023年5月11日
何をしていてもいつ登頂に向かうのか?が頭から離れない。体を休めながら、登頂へ向けた荷物を少しず

タンクを背負い、マスクをして散歩してみた。

最初の氷壁で大渋滞。40分以上待った。

*ジェットストリーム　地表に近い対流圏と成層圏の境界付近で流れる強い風のこと。

つ作り出発の準備をしていた。日本とのビデオ通話はとても嬉しい。しかしここでの生活との温度差に戸惑いを感じることもある。今回ダメでもまた挑戦すればいいと励まされても、そうだねとは思えなかった。来てみたら想像以上に大変で、これをまたやるのかと思うと気が遠くなる。

未知の世界に行くための準備は、まずは荷上げに行くミンマたちに身の回り品を渡すこと。私たちの今回の凍傷予防対策は電熱ソックスと手袋、靴は歩きにくい高所靴ではなく、一つ下のグレードの靴にオーバーブーツを履く。充電半分のリチウム電池を満タンにして、失くしたら困る物は当日運ぶように準備した。

時間があるのにどこかみなソワソワして、話題といえばうなぎを食べること。関西風のうなぎを東京のどこで食べられるかと色々調べたりした。今のところ16日に出発して山頂を目指す予定になっている。

2023年5月12日

タンクを背負い、酸素マスクをして散歩を始めた。私はキャンプ2まで荷物を背負わずにいたからタンクの重さを感じておいた方がよいと思ったのだ。途中でベースキャンプをシェアする日本の方たちがやって来た。隊長は田村真司*さん。数年ぶりの再会だ。何をしているのかと聞かれ、歩く練習をしているというと大笑いされた。この数日、ダイニングテントには他チームの人やシェルパさんが遊びに来てくれている。当然のことながら話題は天候と出発日について。私は天気のことなどは隊長に任せている。そして急遽、明日深夜に出発するかもしれないという話に。もしそうなると明日は慌ただしい日になりそうだ。

2023年5月14日

ベースキャンプに戻ってからはよく眠れるようになり風邪も治った。そして、今夜2時の出発が確定した。未知なる標高へ向かうことには、楽しみよりも不安が勝る。目指す山頂はその不安のはるか先にあるので

*田村真司　山岳カメラマン、山岳ガイド。文中の会話の3ヶ月後、2023年8月にパキスタン北部で登山中滑落し、他界。

想像すら及ばない。登るために数年を費やして今ここにいるのに、「よし、行くぞ!」とはならなかった。だから、あれやこれや考えるのはやめて、準備を淡々とこなすことに専念するように気持ちを切り替えた。夕食後の仮眠はできず、横になって目を閉じていただけだった。

出発前に祭壇に立ち寄ってアイスフォールへ向かう。最初の氷壁へ来ると多くの人が並んでいて先に進めない。登るのに時間がかかっているのを待っていたらだんだん寒くなり、痺れを切らしたAKYは通じないのに「はやくしろー!」と何度も日本語で怒鳴っていた。結局40分以上待つことになり、その後、ところどころで人を追い越して進んだ。

キャンプ1には前回よりも2時間早く着くことができた。少し休んでそのままキャンプ2を目指した。ペンバーの足運びがゆっくりになり、立ち止まる回数も増えていった。私たちは酸素を吸いながら移動しているが、ペンバーをはじめ、他の人は酸素なしで歩いているので、動きが異なるのは当然だ。

昼前にキャンプ2に到着。本来はここに2泊する予定を、登頂日の天気に合わせて逆算した結果、1泊のみで翌朝キャンプ3へ向かうことになった。神様、神様、私はどうなるの? また痔にもなっている。

2023年5月16日

キャンプ2の夜は寒い。夜中のトイレ回数が増えた。標高に順応してきているのか、ダイアモックスの薬の作用なのかはわからない。ジェットストリームで崩壊したトイレはアンプルバが建て直してくれていた。中の方は変わらず、いや以前よりも当然排泄物は増えている。

朝食後、時間がかかりながらも準備して10時30分頃に出発した。雪原をすぎると、急な斜面が始まった。キャンプ3への道のりは急斜面が続く。傾斜が強い箇所でのアッセンダーのかけ替えは比較的やりやすいが、後ろを振り返ると、凍った斜面の下に引き込まれそうになる。ペンバーの動きは昨日よりさらにゆっくりだ。

早足で進んだら立ち止まって、ももに腕をついて呼吸を整える。これを繰り返すのがシェルパさん特有の歩き方で、同じように後ろに着いていくと非常に歩きにくい。重い荷物を無酸素で運ぶにはそうしないと動けないそうだ。私は私で、立ち止まらないペースを守ってゆっくり歩いていた。そうしないと酸素を吸っていてもこちらが参ってしまう。5時間ほどの登りでキャンプ3に到着。緩やかな斜面に密集してたくさんのテントが張られていた。テントは他のチームと共有で、中にゴミなどが残されていた。ここからは一つのテントを2人で使用する。日中はとても暖かく、目の前の景色が開けていて、のんびりすごせる時間には、楽しい気分になった。大好きな「きのポックルカレー」を小山薫堂さんにいただいた〝ちょもらんま椀〟によそ

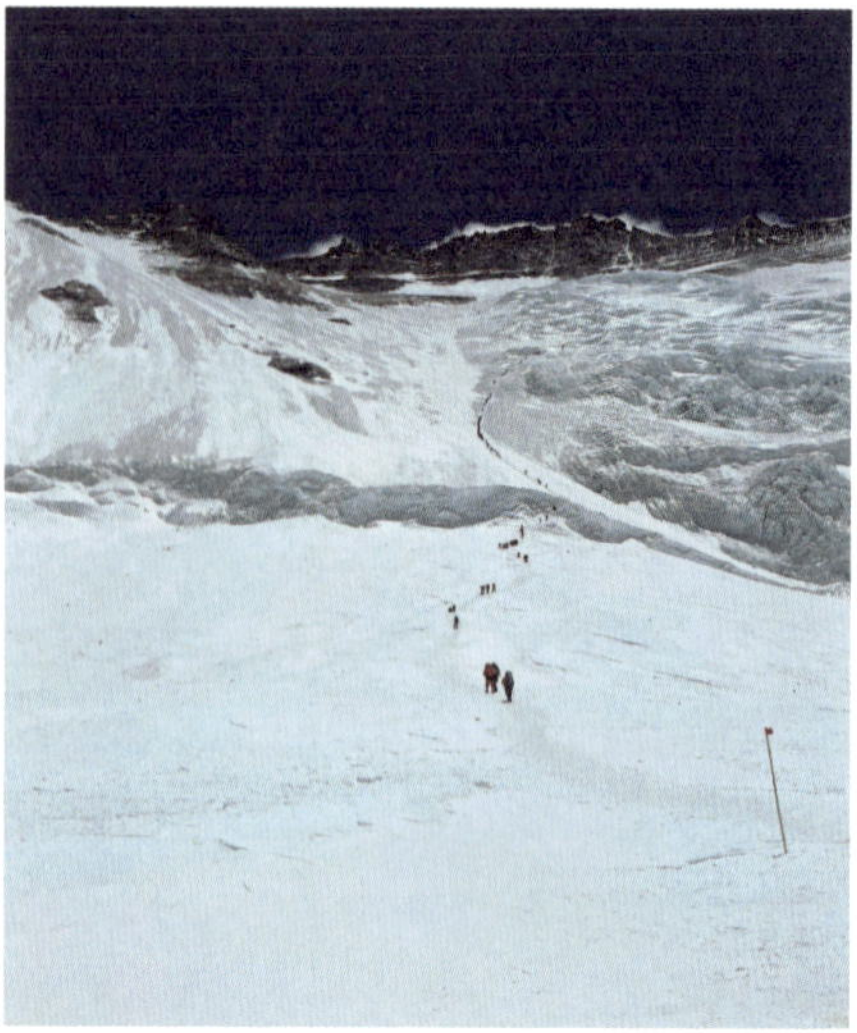
5時間ほどの登りでキャンプ3に着いた。

大好きな「きのポックルカレー」を〝ちょもらんま椀〟によそって食べた。

キャンプ3を出発しようとすると、その先に人の列ができていた。

急斜面になると、人がばらけてきた。

って食べ、日本で待っている人たちを思い浮かべた。

水分を積極的に摂っていてもキャンプ2を出てから17時まで、トイレに行っていない。脱水中だ。それでも人生初の標高7100mに来られたことの喜びがあふれた。明日は朝5時30分に最終キャンプ地へ向かうことになった。明日に備えて早めに横になった。夜中のピーボトルをしながら、朝の大の方はどこですればいいのか?とぼんやり考えていた。なるようにしかならない、なるようになる。

2023年5月17日
朝食後トイレは隊長からもらった携帯トイレを使い、テント前室の狭い空間でなんとか済ませた。外は互いのテントが隣接し、人が行き交っている。他のメンバーもトイレの場所には困っていたようだ。

これから最終キャンプ、サウスコルへ上がる。フィックスロープにハーネスを繋いで歩き出すと、キャンプ3の上部に泊まっていた人たちが前に割り込んできて列が進まない。その先を見上げると、丘状の傾斜にたくさんの人が鈴なりになっている。フィックスロープを外れて動くスペースがなく、危険だから抜かすこともできない。アッセンダーを動かしながら約50mの雪の壁を登ると、息が苦しくなった。

サウスコルは広大な場所。デスゾーン*一歩手前の7900mの世界には生き物の存在がなく、足元はゴミだらけ。食料の袋や缶など、自然分解しそうにないものばかりだ。日本語が書かれたゴミもあって悲しい気持ちになった。昨日はロープに繋がれたまま亡くなっている人を見かけたけれど、今日はそういう人がいなくてよかった。

粉雪の舞う中、シェルパさんがテントを建ててくれた。そして、テントと酸素ボンベを運んで来る予定のシェルパのプリタがキャンプ2で体調を崩してベースキャンプへ降りたという。テントが足りず、最終キャンプでは4人で一つを使うことになった。足を伸ばすこともできない窮屈な状態だ。

*デスゾーン　人間が酸素の補給をせずに行動できる高度の限界。標高8000m以上とされる。

渋滞を考慮し、今晩20時に出発することになった。仮眠する時間もない。登頂時はトイレに行かれないかもしれないからオムツを穿いておきたい。畳2枚程度のスペースで男性3人の前で「オムツを穿きたい！」と宣言をして視線を外してもらい、着替えを済ませた。そして荷物に埋もれながら目を閉じ、15分だけじっとした。目を開けて食事をし、飲み物を内ポケットに入れた。靴を履いて外に出て、ハーネスとクランポンを履いた。特別な気合や意気込みなどは全く起こらず、山歩きを始めるいつもの感覚と変わらない。

渋滞対策として早く出発する作戦に出たが、中国勢はさらに早かった。数歩動いては止まって待つ。進みたくとも進めない。2時間以上そんな状態で、上を見るとヘッドライトの灯りが線を描いていた。

酸素ボンベの本数は決まっているから無駄遣いしないように流量を調整。時折、あとから来た人たちがロープから離れて追い抜いていく。私たちもこのままでは渋滞で時間切れとなり、途中で引き返すことになるだろう。今回も敗退か。この状況から思い出すのは、渋滞で多数の死者が出た2019年の事故。もはや他人事ではない。立ち止まっていると、ペンバーが「行くぞ」のサインを出した。歩くのがとても遅い人や止まっている人を抜かすことになった。抜かすのはいい、でも酸素量を絞ったまま早足で動くと、そのたびに短距離走のあとのように息が苦しい。混雑で休憩は取れず、酸素ボンベ交換の数分間に足を止める程度だった。泣き喚く人、座ったまま亡くなっている人の脇を、何の感情も起こらないままひたすら歩く。風が強まって自分自身の寒さは感じても、他人の異変には情け容赦なく何も感じない。

2023年5月18日

明るくなると、急な登りが続くのが見えた。デスゾーンを歩き始め、すでに10時間は経っている。足の置き場が不安定で、斜面は深く切り落ちていた。引き返す人とすれ違うのも困難で、道を譲らない人も多い。前を歩いていたＩＫＵが座り込み、酸素が出てこないという。付き添っていたミンマが酸素マスクの交換な

デスゾーンを歩き始めて、すでに10時間以上。頂上が見えた？　撮影／IKU

どをした。私たちまで止まることはできない。彼のことはミンマに任せて先に山頂へ向かった。

80mほど先に人だかりが見えて、そこが山頂だとわかった。隊長とAKKYが撮影している。私も急いで写真を撮る。段状になった山頂に腰かけて、世界で一番高い場所からあたりを見渡した。こんなに待ち望んだ瞬間なのに、長くは滞在できない。IKUも山頂で合流し、私たちのチーム全員が登頂することができた。

10分ほど滞在してすぐに下山を開始。10時すぎに来た道を下り始めた。登ってくる人とすれ違うのはとても難しい。かじかむ手を叩き、指を動かして手足の感覚を意識しながら、レギュレーターのフラム部分を凍らないよう数十分おきに叩く。可能な限り早く低いところへ行きたい。

大きな岩場から下に懸垂下降をしようとすると、ロープが引けない。前の人はすでに降りてロープから離れているのにおかしい。仕方なく無理やりロープをセットして岩壁を降りた。雪面まであと2mのところまで来たら、ロープが引けなかった原因がわかった。滑落したのだろうか？　ロープにくくりつけられたまま亡くなっている人が見え、ワンピースの切れ目からダウンが空中に舞っていた。

サウスコルが見渡せる丘まで来ると緊張が和らいだ。自分たちのテントに戻ったのは14時30分。一度腰を下ろすとなかなか次の動きには移れなかったが、トイレをしたり、荷物をまとめたりして撤収を始める。隊長はペンバーとここに泊まって明日降りることになり、一番動けているAKKYはシェラと先に下り始めた。IKUは歩いてはすぐに止まり、動けないという。私はミンマに彼を託して一人で歩き始めたが、雪壁の上で不安になり、彼らが見える範囲で行動した。ローツェフェースのトラバースに入ると急に足がふらつき出した。嫌な感じがした次の瞬間、道から逸れてロープに繋がったまま2m落ちた。それを見ていたIKUの叫び声で気を取り直し、崖を登り返して道へ戻った。そこからはより慎重になり、前を歩くミマカンサと一緒に下りることにした。どこまでも続く雪の斜面を何度もロープをかけ替えて、あと200mくらいでキャンプ３に着くという時に、酸素がなくなった。ミマカンサにキャンプ３に酸素ボンベがあるかと聞くと、ないという。とにかく頑張って降りるしかないという。だんだん体が動かなくなり、目の前が白黒になった。ミマカンサに酸素をくれないかと聞いてみたが、返事はＮＯ。次第に酸欠状態になり、完全に動けなくなった。右手にロープを握り締めたまま岩場にもたれ、立っていることもできなくなった。「日本人女性がエヴェレスト登頂後、酸素不足のため死亡」というニュースが頭によぎる。全く苦しくない。やり切った気持ちが強く、意識が遠のくことが嫌ではない。

するとと目の前にペンバーが現れた。あっちの世界に行ってしまったのだと思った。今晩はサウスコルに泊まるといっていた人がここにいるはずがないからだ。

しばらくすると、目の前がはっきりとして体の感覚が戻ってきた。ペンバーが酸素をくれたのだ。その隣に倉岡隊長もいた。サウスコルに泊まるのをやめ、降りてきたのだという。

脚の感覚が戻るのを待ってキャンプ３を目指した。途中で、プリタが下から酸素ボンベを持って来てくれた。交換してキャンプ３を通過し、キャンプ２を目指した。日が傾き始める。雪の斜面が永遠に続くように感じる。滑り落ちないように凍ったロープを腕に巻きつけ、己を奮い立たせて失いかけた命を大事にして動き続けた。たくさんの酸素ボンベを担いでいる知らないシェルパさんから水はないかと聞かれても持っているはずはなく、それぞれが残った力でなんとかするしかなかった。日が沈んだ頃、氷河の入り口に着いた。アンプルバが温かい飲み物を持って来てくれた。甘すぎて嫌いだったジュースがこんなにおいしいなんて。何度もおかわりして酸素を交換し、再び歩き出した。キャンプ２のテントに戻ったのは23時30分。力を奮い起こし、オムツを脱いでコンタクトを外して眠りについたのは深夜１時だった。活動時間は43時間。その間摂取したのはゼリー１パックと２５０ccの水分だけだった。疲れすぎてなかなか寝付けない。

エヴェレスト頂上にて。チーム全員が登頂に成功！

日が傾き始めても、延々と雪の斜面を下り続けた。

２０２３年５月19日

明るくなると自然に目覚めた。とても喉が渇き、一晩でポットのお湯を全部飲み干した。それでもおしっこはあまり出ずオレンジジュースのようで、かなりの脱水状態になっていた。ダイニングテントに行こうとしても体が重く、ぼーっと寝転んでいると、アンプルバがお湯と朝食を運んでくれた。動けないと知っていたのかもしれない。

お餅と卵焼きにスープ。この朝ご飯は今までの人生で一番おいしい食事だった。特に鶏肉のスープはおかわりしたいほど体が欲していた。

これからベースキャンプへ降りる。キャンプ２を出ると重たかった体が楽に感じ、なんだか歩くのが楽しくなってきた。危険地帯のアイスフォールは、数日前とは形が変わっていた。気温が上がり、ベースキャンプが近づくとルートのそばで雪崩が２回起こった。そのたびにペンバーが壁側に避けろと声を上げる。収まったあとは雪崩風で飛んできた粉雪にまぶされ全身が真っ白になった。

ベースキャンプに戻ったのは19時30分すぎ。ここに戻って来られてとても嬉しい。荷物を置いてダイニングへ行くとみんなが揃い、乾杯するとご馳走が運ばれた。ここまで戻れて本当によかった。しかしまだ登頂した実感は湧かない。

２０２３年５月20日

ベースキャンプからカトマンズまではヘリで下りた。久しぶりの町では車やバイクの騒音が懐かしくて嬉しくて、排気ガスまみれの空気に酸素の濃さを感じた。

ホテルの部屋に入ったら、真っ先にシャワーを浴びた。この至福の時間は、他では味わうことができない。窓から見える木の葉の揺らぎに安らかな時間を感じる。すべての食事がおいしすぎる。

2023年5月22日

2日後に今回のメンバーがカトマンズに全員揃った。町でもお祝いの食事会が楽しい。みんなで山頂へ行き、無事に帰って来ることができて猛烈に嬉しい。

帰国までの数日は外出せず、ホテルですごした。遅めの朝食を食べて、ぼんやりと窓の外を眺めているのは、なんと愉快なんだろう。午後になったらラウンジでワインを頼んで、頭の中で今回の旅をおさらいした。

2023年5月25日

カトマンズ最後の夜は、私のお気に入りのレストランへみんなで行った。帰りの飛行機はそれぞれ別だが、搭乗日は偶然にも同じ5月26日になった。私の七大陸最高峰の旅は今回で終わる。山に登らなければ訪れることのなかった多くの国、さまざまな村や町へ行けたことは、人生の素晴らしい思い出になった。

山へ行く楽しみは、戻った時のシャワーが最高だと感じること。そして、日本へ戻る飛行機の扉が閉まり、飛び立った時に幸福感を噛みしめられることである。

今回の遠征のメンバーと出会えて一緒にすごした日々は特別だった。生涯忘れることのないかけがえのない時間を分かち合えたことは私の宝である。

みなさまありがとうございました。

エヴェレスト登頂後の人生最高の朝食。

ホテルでぼんやり窓の外を眺める。なんて愉快なんだろう。

おわりに

エヴェレスト山頂からの下山時、死にかけた私を救ってくれた命の恩人である、シェルパ頭のペンバー。彼が、日本の大学に留学したお嬢さんのフジちゃんの卒業式に参列するため来日しました。家族と東京観光に訪れた際にはみんなで一緒に食事をしました。下山後は会えないままだったので、再会できてとても嬉しかったです。

ペンバーは家族を心配させないために、エヴェレストの仕事が入るとベースキャンプまで行くと説明していたそうです。ご家族は「危ない仕事だからいつも気になっているけれど、あとで登頂したと聞くとやはり嬉しいし、とても誇りに思う」とおっしゃっていました。そういえば、ペンバーはエヴェレストでほぼ毎日フジちゃんとビデオ通話していました。彼女は今後ネパールに戻り、日本とネパールを繋ぐ仕事に就きたいと語ってくれました。

私がエヴェレストを含め、七大陸最高峰と3ヶ所のセカンドセブンサミッツに登頂できたのは、乳がんになってしまい、何かに挑戦したいという気持ちが高まったからだと思います。ステージ1で治療法が確立しているタイプの乳がんであっても、私の数年後の生存率が100%！ということではありません。とにかくホルモン治療の全身的な不調が毎日つらく、途中で治療をやめようと何度も考えながら、やめるのは最後の手段とその気持ちを引き延ばしてきました。そのうちに、厳しい自然の中で山を登っていると、そのつらさを紛らわすことができると感じ、さらにその不調は、高所では役に立つことがたくさんあることに気がつきました。

そんな挑戦に医師からは笑いながら「頭がおかしいのか?!」ともいわれましたが、診察時に山について質問される機会が増えて、カルテにも山の話が書かれているようでした。２０２０年のコロナウイルスの世界的な蔓延で約4年間は海外へ行かれなくなり、一時はエヴェレストへの思いも遠のいてしまいましたが、２度目の挑戦でようやく山頂へ行かれました。

セブンサミッツに登れたもう一つの理由には、商業登山の発達があります。ありがたいことに登山家ではなくてもある程度の経験と技術を積めば挑戦できるようになりました。乳がんになったことと、商業登山の発達があって、地球上の一番高いところへ行ってくることができました。

本書は知り合いからの紹介で安藤菜穂子さんと出会い、出版に至りました。本を出すことで多くの人が元気になれると思うからといわれ、最初はそうだろうか?と思いましたが、そのうちに、そんなふうになって欲しい思いが強く募り、そうなるためにと、申し出に賛同させていただきました。

病気になって悪いことばかりではなかったし、病気にならなくたって、いいことばかりでもないでしょう。誰でも病気になるし、怪我もする。落ち込んでしまうのは仕方がなくて、無意味に自分を責めてしまうこともあるかもしれません。それでも工夫をしたら成せることがたくさんあるのだと信じています。がんになっても人にいえずに頑張っていたり、つらい思いをされている人が少なくないのではと思います。私のがんは軽い部類で説得力には欠けることも多いのですが、体験談を通じて治療中の皆さんに寄り添い、気持ちに折り合いをつけるきっかけになったらとても嬉しいです。乳がんに関してはセルフチェックと検診で、より多くの人に早期発見と、確立した治療を受けていただきたいと思います。

最後に、2回の肺水腫とがんに伴うリンパ浮腫への恐れから、他の人と同じようにできない私を、さまざまな工夫を凝らして導いてくださった倉岡裕之隊長、国内での山歩きにお付き合いいただいた庭野正和さん、運動施設を提供してくださった志太謹一さん、そしてブログをいつも見守ってくださっているセブンサミッター柴田克信さん、サポートしていただいた応援隊の皆さんに厚くお礼を申し上げます。そして、一緒に登ったすべてのチームの仲間たちとシェルパさん、家族に感謝！

麻紀子

2025年3月

麻紀子

東京生まれ。2010年頃、屋久島の山に魅せられ山歩きを始める。2015年12月に乳がんが見つかり、2016年に手術。2016年から治療を受けながら世界七大陸最高峰の登山を開始し、2023年5月18日のエヴェレスト登頂成功をもって七大陸最高峰登頂を成し遂げ、セブンサミッターとなる。公益社団法人日本山岳ガイド協会会員。日本乳がんピンクリボン運動の個人サポーター。公共機関や一般企業にて講演活動も行う。

本書は、麻紀子が乳がんの闘病と登山をはじめとする日常の暮らしをつづるウェブサイト「ピンクリボンむすび」に掲載されたブログをもとに再構成したものです。
〈ピンクリボンむすび〉 https://makikosh.com

装丁　石間　淳
表紙写真　倉岡裕之
写真協力　倉岡裕之、AKKY、IKU、青空山岳会
地図製作　清河一郎（ZOUKOUBOU）
DTP製作　株式会社明昌堂
校正　株式会社円水社
編集協力　安藤菜穂子
編集　丸井富美子

がんとエヴェレスト
乳がんと闘いながら世界七大陸最高峰を制覇する

発行日　2025年4月10日 初版第1刷発行

著者　麻紀子
発行者　光木拓也
発行　株式会社 世界文化社
〒102-8187　東京都千代田区九段北4-2-29
電話　03-3262-5124（編集部）
電話　03-3262-5115（販売部）

印刷・製本　株式会社リーブルテック

ISBN978-4-418-25503-0